교음명작신서 068

한국현대수필작가
대표작선집

김한호 수필선

하늘 메아리

교음사

| 머리말 |

생명의 소중함과 인간성 회복

우리가 세상을 살아가면서 많은 일들을 하지만 결국은 서로 사랑하고 행복하게 살기 위한 것입니다. 그런데 사람들은 자연을 파괴하고, 인간다운 삶을 상실해가면서 행복을 잃어가고 있습니다. 그래서 생명의 소중함과 사랑의 고귀함을 통하여 인간성을 회복할 수 있도록 사랑과 행복한 삶을 위한 수필집을 발간하게 되었습니다.

특히 이 수필집은 수필문학사의 '한국현대수필작가 대표작 선집 100인선'에 선정되어 발간하게 되었습니다. 그동안 문예지나 신문 등에 발표한 작품 중에서 37편을 가려 뽑아 주제별로 4부로 편집하였으며, 편집 과정에서 일부 작품은 제목을 바꾸거나 부분적으로 수정하였습니다. 앞으로 이 책에 실린 작품을 원본으로 삼고자 합니다.

'한국현대수필작가 대표작선집'에서는 '생명의 소중함과 인간성 회복'을 위한 주제로 '사랑과 행복한 삶', '전라도의 애환과 광주 5·18', '자연과 생명의 소중함', '지난날의 삶을 통한 성찰'이 진솔하게 드러나 있습니다.

이 수필들을 통하여 독자들에게 사랑과 지혜가 넘치는 따뜻한 마음을 전하고 싶습니다. 이 글들을 읽고 독자들이 공감하고 감동하여 행복하게 살아간다면, 작가로서 이보다 더 보람된 일은 없으리라 생각합니다.

2021년 2월. 저자 김한호

한국현대수필작가 대표작선집

김한호 수필선

하늘 메아리

▪ 차례

1. 생활 속에 행복 찾기

2. 변방에 사는 사람들

3. 아름다운 자연과 더불어

4. 살아왔던 날들의 기억

1

생활 속에 행복 찾기

행복은 언제나 마음속에 있는 것. 행복은 남과 더불어 살아가면서 서로 사랑하고 배려하며, 자신의 삶에 보람을 찾는 길이다.

행복은 평범한 삶 속에 자기를 사랑하고, 자신의 삶에 만족하며 즐거움을 느낄 때 행복해질 수 있는 것이다.

행복한 삶을 위하여

최근 사회가 불안하고 경기 침체로 생활이 어려워지자 행복하지 않다고 생각하는 사람들이 많아졌다. 이는 경제적으로 예전보다 더 잘 살고 있지만 상대적 박탈감이 심화되어 남과 비교하여 불행하다고 느끼는 것이다. 그러나 행복은 사람마다 제각기 다르겠지만 남들보다 내가 나으면 행복하고, 남들보다 내가 못하면 불행하다는 비교에서 오는 행복이라면 그것은 진정한 행복이 아니다.

대개 사람들은 돈이나 권력, 명예를 얻으면 좀 더 행복해질 거라고 생각한다. 그러나 이들은 행복의 조건은 될 수 있어도 행복 그 자체는 아니다. 왜냐하면 행복은 소유욕이나 성취욕과 같이 결코 욕망만으로 채울 수는 없기 때문이다. 아무리 많은 돈이나 권력, 명예를 가졌다고 하더라도 불행하게 사는 사람들도 있게 마련이다.

『행복론』의 저자들은 행복한 삶을 위한 방법으로 다양한 의견을 제시하고 있지만 지금까지 '행복은 이런 것이다'라고 단정 지어 말할 수는 없다. 대체로 행복의 조건으로 '건강', '가족의 화목', '인간관계', '돈', 등을 들고 있으나 이런 것을 완벽하게 갖추기도 어려울 뿐만 아니라 설령 다 갖추었다고 해도 사람마다 다르게 느낄 수도 있다.

행복은 자신의 욕망을 충족하기 위한 것이 아니라, 남을 돕고 베푸는 선행 속에 즐거움과 보람에서 오는 삶의 기쁨이며, 자신의 삶에 대한 자기만족이다. 세상의 모든 것을 다 얻는다 할지라도 자기 스스로 행복을 느끼지 못한다면 행복한 삶이라고 할 수 없다.

행복과 불행은 전염된다. 내 가족과 내 이웃과 내 주변 사람들이 행복하면 나도 행복해진다. 반면에 내 주변 사람들 중에서 불행한 일이 생기면 내 일같이 불행하게 느껴진다. 국가나 사회 그리고 주변 사람들이 불행한데, 나 혼자만 행복할 수는 없다. 나의 행복은 남과 더불어 살아가는 삶 속에 있는 것이다.

톨스토이는 「세 가지 질문」이라는 글에서 그의 행복론을 제시하고 있다. "이 세상에서 가장 중요한 때는 바로 지금이고, 가장 필요한 사람은 바로 지금 만나는 사람이며, 이 세상에서 가장 중요한 일은 바로 지금 내 옆에 있는 사람에게 선을 행하는 일이다."라고 했다. 따라서 우리는 행복한 삶을 위하여 다 함께 노력해야 한다.

광주 지하철 '금남로 5가역'에는 「행복한 삶을 위하여」라는 내 글이 게시된 적이 있다.

"우리는 행복의 파랑새가 멀리 있는 것이 아니라 자기 자신의 삶 속에 있다는 것을 깨달아야 한다. 찾기 어려운 네 잎 클로버의 꽃말은 '행운'이지만 쉽게 찾을 수 있는 세 잎 클로버의 꽃말은 '행복'이다. 평범한 삶 속에 자기를 사랑하고, 자신의 삶에 기쁨과 만족을 느낄 때 행복해질 수 있는 것이다. 그러므로 우리는 늘 행복할 수는 없겠지만 최대한 행복을 느끼고 사는 방법은 자기를 남과 비교하지 말고, 자신의 일에 최선을 다하며, 원만한 인간관계를 갖고 남을 돕거나 베풀면서, 매사에 만족하고 감사하며 사는 일이다."

에세이집 『행복한 삶을 위하여』(2007) 표제작

웃는 얼굴이 행복하다

한국 사람들은 잘 웃지 않는다. 한국 사람들이 잘 웃지 않는 것은 유교 문화의 영향으로 웃음이 헤픈 사람은 점잖지 못한 사람으로 여기기 때문이다. 그래서 외국 사람들이 한국 사람들의 얼굴 표정을 보고 악어와 같다고 한다. 얼마나 얼굴 표정이 무뚝뚝하면 험상궂은 악어에 비유했을까?

얼굴은 '얼의 꼴'로 그 사람의 정신세계를 나타내는 내면의 거울이다. 또한 얼굴은 그 사람이 살아온 삶의 자취와 더불어 건강 상태까지도 드러난다. 그렇기 때문에 얼굴은 그 사람의 살아가는 이력서이다. 그래서 링컨은 "나이 마흔이면 얼굴에 책임을 져야 한다"고 말했다.

얼굴은 부모의 유전자를 타고난 것이기 때문에 성형 수술을 하지 않는 한 바꿀 수는 없다. 그렇지만 얼굴 표정은 자신의 감정을 표출하는 것이므로 마음대로 바꿀 수가 있다. 그래서

손녀 '김봄' 백일잔치

얼굴은 자신의 것이지만 얼굴 표정은 자신의 생각이나 감정을 남에게 전달하는 것이기 때문에 자신을 위한 것이 아니라 남을 위한 것이다. 그러므로 우리는 얼굴 표정을 잘 관리해야 한다.

대개 사람들은 처음 보는 상대방의 얼굴 표정을 보고 그 사람을 판단한다. 사람의 얼굴은 0.13초라는 짧은 시간에 눈을 중심으로 역삼각형으로 코와 입의 표정을 보고 호감과 비호감으로 구분하게 된다. 그래서 잘생긴 사람을 보면 기분이 좋아지고 긍정적인 감정이 생기게 된다.

반면에 비호감으로 불쾌감을 주는 인상도 있다. 매사에 부정적으로 불평불만을 하며, 금세라도 험상궂은 표정으로 화를 내고 대들 것만 같은 사람도 있다. 그런 사람과 함께 있으면 나쁜 기운이 전염되어 정서적으로 불안해진다. 그래서 부정적인 사람이 많을수록 행복한 사회가 될 수 없다.

얼굴은 정신과 몸의 에너지가 함께 어우러져 만들어진 것으로 웃는 얼굴은 생기가 있고 아름답다. 그래서 성공하는 사람은 남다른 얼굴 이미지를 가지고 있다. 그러므로 자신이 하는 일과 사랑에서 성공하고 싶다면 자신의 얼굴을 호감이 가는 좋은 인상으로 만들어야 한다. 단순히 잘생긴 외모보다는 호감을 주면서 운이 따르는 인상을 만들어야 한다. 남에게 호감을 주는 인상은 긍정적인 이미지를 불러일으키고 대인관계나 성공에 좋은 영향을 미치게 된다.

따라서 좋은 인상을 갖기 위해서는 항상 밝고 온화하게 미소 짓는 얼굴로 남에게 선행을 베풀어야 한다. 웃으면 얼굴 표정이 밝아지고 정신세계가 안정되어 정신과 몸의 에너지가 충만하게 되면서 행복감을 느끼게 된다. 또한 웃음은 행복의 표현이며, 웃음과 행복은 상대방에게 전염된다. 내가 웃으면 남도 웃게 되고, 내가 행복하면 가족이나 가까운 사람들도 행복해진다. 그러므로 행복하기 때문에 웃는 것이 아니라 웃기 때문에 행복해지는 것과 마찬가지이다.

사람들은 누구나 아름다운 얼굴로 행복하게 살기를 원한다. 행복은 남과 더불어 살아가면서 즐거움과 만족에서 오는 삶의 기쁨이다. 그러므로 우리는 행복한 삶을 위하여 자주 웃어야 한다. 웃는 얼굴이 건강과 성공 그리고 행복을 위해서 필요하다는 것을 인식하고 가정이나 직장에서 웃음꽃을 피우기 위해 노력해야 한다.

비 오는 날의 행복

비 오는 날은 행복을 느끼기에 좋은 날이다. 비 내리는 경치를 바라보며 잠시 낭만에 젖어보는 것도 좋다. 차를 마시면서 계절에 따라 다르게 내리는 비를 감상하며 아름다운 정취를 즐겨보자. 행복은 평범한 삶 속에서 느끼는 작은 즐거움과 기쁨이니까 말이다.

나는 비 오는 날을 좋아한다. 비 오는 날에 좋은 일이 많았고, 비 오는 날이면 좋은 일이 생길 거라는 기대 때문인지 비가 오면 즐거워진다. 또한 비 내리는 날의 분위기를 즐길 수 있다는 것. 행복은 미래에 더 큰 성공이나 화려한 삶을 욕심내지 않고 현재 주어진 삶에 만족하며 사는 것이 아닐까?

우리가 그동안 당연하게 여겼던 것들. 예를 들면 숨 쉴 수 있는 맑은 공기, 따뜻한 햇볕, 아름다운 꽃과 자연, 편안한 집과 사랑스러운 가족, 다정한 친구들. 이 모든 것들이 평범

하지만 확실한 행복인 것이다. 행복은 타인의 행복을 흉내내거나 비교하지 않고 나만의 행복을 찾는 길이다.

헬런 켈러는 「내가 사흘만 볼 수 있다면」이라는 글에서 '아름다운 꽃들과 빛나는 저녁노을', '새벽에 먼동이 떠오르는 모습', '밤하늘에 영롱하게 빛나는 별'을 보고 싶다고 했다. 헬런 켈러에게는 이루어질 수 없는 꿈이 우리에게는 매일 볼 수 있는 평범한 삶이다. 이처럼 내가 원하는 것을 갖기 위해 노력하는 것보다, 나에게 이미 주어져 있는 것, 내가 이미 이룬 것들을 소중하게 여기고 감사하는 마음에서 행복은 발견되는 것이다.

행복은 매 순간 경험하는 일상적인 것들을 만끽하고 음미하며 경이로워하는 습관에 의해 결정된다. 우리는 늘 당연하다고 여기는 일들을 기적처럼 놀라워하며 감탄하는 것. 식사를 하거나 차를 마시더라도 바쁘게 서둘러 해치우지 않고 맛을 음미하며 만족감을 느끼는 것. 아름다운 꽃이나 자연을 보며 감탄할 때, 평범한 일상의 삶 속에서 작은 즐거움과 만족이 바로 행복인 것이다.

인생은 어떠한 생각을 갖고 사느냐가 중요하다. 행복 또한 어떻게 생각하느냐에 따라 달라질 수 있다. 욕망을 충족하기 위해 치열한 경쟁을 하며 일 중독에 빠져 하루 하루를 열심히 살아가는 것만이 최상의 인생은 아닐 것이다. 미래에 더 큰 행복을 위해서 현재의 소소하지만 즐길 수 있는 순간을 포기하고 살아간다면 미래의 삶도 변하지 않을 것이다. 왜냐하면 우리의 삶은 현재가 모여서 미래가 되기 때문이다.

아인슈타인은 "내가 아무것도 바라지 않기에 행복할 수 있다"고 했다. 성공에 대한 욕망이나 재물과 명예에 대한 집착을 갖지 않았기 때문에 행복했다는 것이다. 세계적인 과학자인 그는 부귀와 명성보다는 자기가 하는 일에 즐거움을 갖고 열정적으로 연구에 몰입했다. 그러면서 여유롭고 평온한 삶을 살며 행복하게 인생을 즐겼던 것이다.

행복은 언제나 마음속에 있는 것. 행복은 마음이 즐거운 상태이고, 일상의 삶에서 즐거움을 찾아가는 길이다. 그러므로 좋은 일이 생겼을 때 남에게 알려서 기쁨을 함께하는 사람이 행복한 사람이다. 그러나 즐거운 일이 생겼어도 표현하지 않고 웃기는 상황에서도 웃지 않는, 자신의 감정을 숨기는 사람은 행복하다고 볼 수 없다. 그렇기 때문에 행복은 내가 만들어가는 것이다.

비 오는 날에 밖에서 일을 하지 못한다고 불평하지 말자. 일을 하는 것보다 비가 내리는 것이 우리들의 삶을 더욱 풍요롭게 만든다. 비가 내리지 않는 사막에는 동식물이 제대로 살 수 없다. 더구나 기후변화로 비가 내리지 않아 토양이 메말라가고 농작물이 자라지 않아 굶어 죽는 사람들이 늘어나고 있다. 그러므로 단비가 내리는 날은 행복한 날이다.

올해는 비가 자주 내렸으면 좋겠다. 비가 내리면 가뭄도 해소되고, 미세먼지도 사라지고, 동식물도 잘 자라 풍요로운 세상이 될 테니까. 또한 비가 내리는 날은 나에게 좋은 일이 생길 수도 있고, 좋은 일이 생기면 내 주위 사람들도 즐거워할 테니까 말이다. 비 오는 날은 행복을 느끼기에 딱 좋은 날이다.

에세이집 『비 오는 날의 행복』(2019) 표제작

마음의 꽃

마음을 수양하여 꽃처럼 아름답고 향기롭게 살고 싶다.

매화꽃이 필 무렵이면 스스로를 성찰하기 위해 아름답고 향기로운 천연기념물 매화가 있는 절을 찾아나선다. 천연기념물 매화는 오죽헌의 율곡매, 화엄사의 백매, 선암사의 선암매가 있지만 유일하게 홍매화인 고불매(古佛梅)를 더 좋아한다.

올해도 매화 향기가 그리워 고불매를 보러 대한 8경의 하나인 백학봉 아래 백양사를 찾아갔다. 눈 속에 붉게 핀 고불매는 파르라니 머리 깎고 염불하는 여승처럼 가슴이 시리도록 처연하기만 했다. 고향의 탱자나무집 누나가 집이 가난하여 식모살이를 마다하고 여승이 되었기 때문인지도 모른다.

그래서 장성 백양사에 갈 때마다 비구니들의 수련 도량인 천진암을 찾아간다. 천진암은 석가모니 진신사리가 모셔져 있는 고즈넉한 암자이다. 그 절에는 500년 된 탱자나무가 있고, 고불매처럼 고운 여승이 있었다. 그런데 몇 년 전부터 비구니 스님들이 보이지 않았다. 속세를 떠나 머리 깎고 중이 되려는 여인이 없었던가 보다.

빈집같이 조용한 천진암에는 탱자나무 한 그루가 말없이 우리를 맞이했다. 500년 된 탱자나무를 보면서 탱자 울타리도 아닌 한 그루가 어찌 오랜 세월 동안 이곳에서 잘리지 않고 살고 있는지 궁금하기만 했다. 더구나 다른 사찰에도 없는 탱자나무가 비구니들이 도를 닦는 이 암자에만 있다는 것은 무슨 사연이 있기 때문일 것이다.

여자의 몸으로 승려가 된 사연이 저마다 있겠지만 무슨 까닭으로 가시 많은 탱자나무가 이곳에서 비구니와 함께 살게 되었는지 알 수 없는 일이다. 아마 그녀들은 가시에 찔린 상처 받은 마음을 달래기 위해 탱자나무를 심고 가꾸면서 불도에 정진하여 아름답고 향기로운 마음의 꽃을 피웠으리라.

인적이 없는 조용한 산사에서 500년 전 조선시대 연산군 때 싹이 터서 자란 탱자나무를 상상하다 보니, 불현듯 어린 시절 고향의 탱자나무가 떠오른다. 가난했던 그 시절에는 집집마다 돌담이나 울타리가 많았다. 탱자나무 울타리에는 호랑나비가 날아다녔다. 호랑나비 애벌레는 탱자나무 잎과 가시를 먹고 자기 허물마저 먹어야 번데기에서 나비로 탈바꿈할 수 있다.

어느 날 호랑나비를 잡다가 손에 탱자나무 가시가 박혔다. 가시 박힌 자리가 성이 나서 빨갛게 붓고 곪아 고생을 한 적이 있었다. 아름다운 꽃을 피우는 장미나 찔레, 아까시나무에는 자기를 지키는 가시를 가지고 있다. 가시뿐만 아니라 살아 있는 생명체는 자기를 보호하기 위한 무기를 하나씩 가지고 산다.

그런데 어느 날 탱자나무 하얀 꽃잎이 가시에 찔려 찢어져 있었다. 꽃잎이 바람에 흔들리다가 자기 가시에 쓸렸으리라. 자기를 지키기 위한 가시가 때로는 스스로를 찌르기도 한다는 사실이 안타까웠다. 아마 천진암의 수도승들도 가시에 찔린 아픈 마음을 탱자나무 가시를 보면서 스스로를 수양했을 것이다.

누구에게나 가시에 찢긴 꽃잎처럼 자신을 괴롭히는 가시가 있게 마련이다. 어떤 사람에게는 가난하거나 불우한 환경이 가시가 되기도 하고, 어떤 사람에게는 성격이나 신체적인 장애가 가시가 되기도 한다. 또는 공부를 못하거나 재능이 없는 것이 가시가 되어, 그 가시 때문에 괴로워하면서 살아가는 사람들이 있다.

우리들 마음속에 품고 있는 가시가 자기 스스로를 찌르기도 하지만 때로는 남에게 가시 돋친 말이나 행동으로 상대방을 찔러 마음에 상처를 주기도 한다. 그렇기 때문에 누구에게나

가지고 있는 날카로운 가시야말로 우리 스스로가 제거하지 않으면 안 될 운명인 것이다.

천진암을 떠나면서 노랗게 익은 탱자 하나를 주웠다. 탱자를 가만히 들여다보니, 향기 나는 열매의 씨앗 속에는 아름다운 꽃이 있고, 날카로운 가시도 숨겨져 있었다. 그 탱자 속에는 가시와 허물을 먹은 호랑나비 한 마리가 꽃 같은 탱자나무집 누님에게 날아가고 있었다.

사람들마다 가지고 있는 마음의 씨앗은 인격의 높고 낮음에 따라 꽃이 되기도 하고, 가시가 되기도 한다. 우리는 남을 미워하고 자신을 괴롭히는 마음의 가시보다는 사랑하는 마음으로 남과 더불어 행복하게 사는 마음의 꽃을 피워야 한다. 나도 자신을 성찰하고 마음을 수양하여 마음의 꽃을 피워야겠다. 그리하여 사람들이 좋아하는 천연기념물 고불매처럼 아름답고 향기롭게 살고 싶다.

하늘 메아리

하늘에서 낙하산을 타고 내려온 적이 있었다. 그때 사랑하는 사람을 소리쳐 부르면 하늘 끝 어디에선가 메아리가 되어 되돌아올 것이라고 생각했다.

지금도 밤하늘을 보면, 아스라이 먼 별에서 이승을 떠난 영혼들의 음성이 메아리처럼 들려오는 것만 같다. 그럴 때면 일찍 세상을 떠난 부모님, 사랑하는 사람들이 그리워진다.

별을 좋아하는 사람은 꿈이 많고, 비를 좋아하는 사람은 감정이 풍부하고, 꽃을 좋아하는 사람은 마음이 아름답다고 한다. 별과 비와 꽃을 좋아하는 나는 오늘도 별이 빛나는 밤에 밤늦도록 글을 쓰고 있다.

나는 봄날 새싹처럼 솟아나는 기억들을 갈무리하여 꽃처럼 아름답고 정감 어린 이야기를 쓰고 싶다. 그리하여 문학작품을 통하여 독자들에게 사랑과 지혜가 넘치는 따뜻한 마음을 전하고 싶은 것이다.

문학을 한다는 것은 단지 글을 읽고, 쓰는 것만을 의미하지는 않을 것이다. 문학을 통해서 역사를 알고, 문화를 이해하며, 자연과 더불어 살아가면서 자신을 안다는 의미이리라. 그래서 사랑과 행복한 삶을 위한 에세이를 쓰고 있는 것이다.

나는 아직도 행복의 파랑새를 찾기 위해 고뇌하고 있다. 인생의 이면에 깊숙이 감춰진 무언가를 찾기 위해서다. 심리학자들은 사람이 하루에 6천 가지의 생각을 한다고 말한다. 인간의 감정은 즐거움, 슬픔, 역겨움, 분노, 두려움, 질투, 죄책감, 사랑, 희망이라는 아홉 빛깔의 감정으로 이루어져 있다. 우리들은 매일 끊임없이 여러 가지 감정을 느끼며 생각을 한다.

생각이 감정을 만들므로 생각은 모든 일의 원인이 된다. 우리가 지금 생각하거나 느끼는 감정을 비롯하여 우리를 둘러싼 모든 것들은 자기 자신이 스스로 끌어들인 결과이다. 우리가 어떤 일을 간절히 염원하면 그것이 우주로 전송되어 메아리가 되어 자신에게 되돌아온다. 그러므로 생각은 감정과 행동을 이끌어내는 힘이며, 자기가 살아가면서 자신의 인생을 창조하는 길이다. 따라서 인생은 어떤 생각을 갖고 사느냐에 따라 달라질 수 있는 것이다.

세상은 먼저 깨달은 자가 늦게 깨달은 자보다 앞서가기 마련이다. 문화는 먼저 깨달은 자가 만들어내는 것이고, 늦게 깨달은 자는 그것을 배워서 따라갈 뿐이다. 인생 역시 이와 마찬가지이다. 그 깨달음 중의 하나가 언어이다.

사람들은 하루에도 수없이 많은 말을 한다. 그 말들이 우주 공간에서 하늘 메아리가 되어 다시 자신에게 되돌아온다면, 또는 그동안 지구에서 살다간 수많은 사람들의 말들이 우주 공간에 떠돌고 있다면 어떻게 될까? 과연 그 말 속에는 얼마나 진실되고 사랑이 깃든 말이 있을까?

한국인들이 선정한 가장 아름다운 우리말은 '사랑'이라고 한다. 아기에게 제일 먼저 가르쳐주고 싶은 단어도 사랑이다. 또한 죽음을 앞둔 사람이 가장 후회하는 일은 가족이나 사랑하는 사람에게 사랑을 더 표현하지 못한 것이라고 한다. 또 삶이 1주일 남았다면 무엇을 하고 싶은가라는 물음에도 사랑이라고 한다. 인간이나 동식물에 이르기까지 가장 아름다운 언어는 사랑이다.

우주에 존재하는 모든 것들은 그들만의 언어가 있다. 과학자들은 동식물들도 그들의 언어가 있다고 한다. 꿀벌의 언어는 그들의 춤이다. 꿀벌이 추는 춤에는 꿀이 있는 곳까지의 거리와 방향에 관한 정보가 담겨 있다. 그러나 그들의 언어에는 지혜로운 생각과 사랑이 깃들어 있는지 알 수 없다.

천문학자들은 우주에는 수천억 개의 별이 있는 은하가 천억 개 이상이나 있다고 한다. 그러므로 은하계에는 지구와 같은 행성이 500억 개가량 있으며, 지구와 같이 생명체가 살 수 있는 골디락스 존이 5억 개나 된다. 그중에는 우리보다 뛰어난 문명을 가진 외계 생명체가 존재할지도 모른다. 만약 지구 밖에 외계 생명체가 존재한다면 그들도 언어나 신호 체계가 있을 것이다. 그러나 우리 인간들처럼 지혜롭게 생각하고 서로 사랑하는 다양한 언어가 있을지는 알 수 없는 일이다.

하지만 무한한 우주 속에 살고 있는 우리는, 푸른 하늘과 밤하늘에 반짝이는 별과 아름다운 꽃과 자연이 있는 지구에서, 문학을 통해서 인간의 고귀한 사랑을 이야기할 수 있다면, 이 또한 행복한 삶이 아니겠는가?

더욱이 생과 사의 극한상황에서, 하늘에서 낙하산을 타고 내려오면서 공허한 우주 공간에 메아리치도록 외친 언어가 사랑하는 사람이었다는 것은 이 세상에 사랑만큼 소중한 것도 없기 때문이리라.

우분트

몇 년 전에 행복지수 세계 1위인 덴마크를 갔을 때였다. 자전거를 타고 온 한 무리의 학생들이 언덕에 옹기종기 모여 꽃이 흐드러지게 핀 들판을 스케치하고 있었다. 아름다운 자연을 만끽하며 즐겁게 그림을 그리는 아이들의 모습이 무척 행복해 보였다.

그들 중에 유난히 얼굴이 검은 녀석이 내게 다가와 서툰 영어로 어느 나라에서 왔느냐고 물었다. 나는 그들의 모습이 천진난만하여 낯선 이방인으로서 친밀감을 보이기 위해 한국 동전을 주려고 하자 아이들이 둥그렇게 내 주위에 모여들며 다 같이 손을 내밀었다. 한국 아이들 같으면 먼저 가지려고 아우성이었을 텐데, 누구도 먼저 가지려고 다툼을 하지 않은 모습에서 '우분트(ubuntu)'라는 말이 생각났다.

아프리카 부족을 연구하던 어느 인류학자가 아이들을 모아놓고, 나무 옆에 싱싱하고 달콤한 과일이 있으니 1등으로 뛰어간 아이에게 과일을 모두 주겠다고 했다. 그런데 아이들은 마치 약속이라도 한 듯이 서로 손을 잡고 달려가 함께 과일을 즐겁게 나누어 먹었다.

인류학자는 아이들에게 "1등으로 간 사람에게 과일을 모두 주려고 했는데, 왜 손을 잡고 같이 갔느냐?"고 묻자, 아이들은 합창하듯 "우분트!"라고 대답했다. 그리고 "1등을 한 친구가 다 가지면 나머지 친구들은 슬퍼할 건데 나만 기뻐할 수 없지 않느냐?"고 했다. 우분트는 아프리카 반투족의 말로 '우리가 함께 있기에 내가 있다.'라는 뜻이다. 넬슨 만델라 대통령이 자주 강조해 널리 알려지기 시작한 이 말은 한국의 교육 현실과 비교되어 씁쓸하기만 했다.

한국의 학교 교육은 "누가 누가 잘하나"라고 경쟁만 조장할 뿐 '인간다운 삶'을 가르쳐주지 못하고 있다. 더구나 남을 배려하는 마음보다는 이기적인 사고방식으로 더불어 살아가는 공동체 의식이 부족하다. 이러한 학생들이 성인이 되면서 빈부의 양극화는 더욱 심화되어 사회적 갈등이 심각한 문제가 되고 있다.

더구나 한국 사회는 개인의 능력보다는 부모의 신분과 빈부 차이에 따라 사회계급이 세습된다는 것이다. 그래서 빽 있고 돈 많은 사람들만 성공하는 사회가 아닌 열심히 일하면 다 같이 행복하게 살 수 있는 나라를 희망하고 있었다. 이러한 잘못된 사회구조를 개선하기 위해서는 무엇보다도 '노블리스 오블리제'(가진 자의 도덕적 책무)가 실천되어야 한다.

예로부터 우리 국민들은 불우한 이웃을 서로 도우며 살아왔다. 경주 최씨 집안이나 구례 운조루는 주위 사람들이 굶어죽지 않도록 했으며, 제주도 출신 기생 김만덕은 재산을 기부하여 가난한 사람들을 도와주었다. 이와 같이 우리 조상들은 남을 위해 도움을 주고 기부를 하는 선행을 베풀었다. 그런데 사회가 각박해지면서 예전의 아름다운 미덕이 차츰 사라져가고 있다.

하지만 자기가 가진 재산을 사회에 기부하여 자선사업을 한 록펠러와 카네기는 부의 환원을 통해 미국 사회를 복지국가로 건설하는데 도움을 주었다. 미국의 기부왕 척 퍼니는 돈밖에 모르는 구두쇠로 소문이 났지만 그의 비밀 회계장부가 발견되면서 15년간 2900회, 4조 4천억 원을 남 몰래 기부한 것이 밝혀졌다. 그는 재산의 99%인 9조 5천억 원을 사회에 환원한다고 했다. 또한 거액 기부자인 빌 게이츠, 워렌 버핏, 조지 소로스는 20~30조 원을 사회에 기부했다.

우리 국민들 중에도 기부를 하는 사람들이 많이 있다. 그러나 아직도 기업가, 정치가, 공직자뿐만 아니라 일반 국민들 중에는 남을 도우려는 의지나 봉사활동에 관심이 부족한 사람들이 많다. 우리는 나눔과 베풂의 미덕을 통하여 다 같이 행복한 복지사회를 만들어야 한다.

행복지수 세계 1위인 덴마크는 학교 교육을 통하여 '다 같이 행복한 삶'을 사는 나라를 만들었다. 그런데 학생들의 행복지수가 세계에서 꼴찌인 한국은 아직도 치열한 입시 교육으로 학생들이 힘들게 공부하고 있다. 이제 우리 국민들도 '자기만 잘 먹고 잘 살면 된다'는 이기심을 버리고, '함께 있기에 내가 있다'는 우분트 정신으로 다 같이 행복한 나라를 만들어야 되지 않겠는가?

눈먼 돈 더러운 돈

돈이면 안 되는 일이 없는 것으로 생각하는 사람들이 있다. 그들은 법과 원칙을 무시하고 목적을 달성하기 위해서는 돈으로 모든 것을 해결하려고 한다. 그렇기 때문에 수단과 방법을 가리지 않고 돈을 모으려고 한다.

최근에 세계문화유산이며 세계에서 가장 우수한 문자인 한글 '훈민정음 상주본'이 발견되었는데, 돈에 눈이 먼 배익기 씨가 천억 원을 요구하며 훈민정음을 벽 속에 숨겨 놓았다가 집에 불이 나는 바람에 소중한 문화재가 소실되었다는 보도를 보고 잠이 오지 않았다.

동서고금을 막론하고 사람들은 돈을 벌려고 애를 쓴다. 우스개 이야기로 의사들이 번 돈 중에는 안과 의사가 번 돈을 '눈먼 돈'이라고 한다. 이비인후과 의사는 '기막힌 돈', 치과 의사는 '이상한 돈', 정신과 의사는 '미친 돈', 내과 의사는 '배

아픈 돈', 외과 의사는 '피 흘린 돈', 피부과 의사는 '더러운 돈'을 번다고 한다.

그러나 의사는 질병을 치료해주고, 생명이 위독한 환자를 구해주는 유익한 일을 하여 번 돈이라 결코 나쁜 돈은 아니다. 이에 비해, 공무원이 인사청탁의 대가로 받은 뇌물이나 정치인이 불법으로 받은 정치자금은 더러운 돈이 아닐 수 없다. 최근에 그 더러운 돈에 연루되어 정치인, 공무원, 장군, 기업인 등이 구속되는 일이 자주 언론에 보도되고 있다.

이러한 까닭은 우리 사회가 능력보다는 혈연, 지연, 학연, 직장연, 종교연 등 연줄에 의한 부조리한 청탁과 기업체 회장들의 투명하지 못한 기업경영 때문이라고 볼 수 있다. 특히 선거자금을 필요로 하는 정치인들은 정경유착을 통해 불법으로 금품을 받기 때문에 정치인들을 가리켜 '교도소 담 위를 걸어간다'고 하지 않던가?

이와 같이 더러운 돈은 결국에는 탄로가 나게 마련이다. "중국 후한시대에 양진이 동래태수로 있을 때, 왕밀이 금 열 근을 가지고 와서 밤이라 아무도 보는 사람이 없으니 받으라고 했다. 양진은 하늘이 알고, 땅이 알고, 자네가 알고, 내가 아는 데, 왜 아는 사람이 없단 말인가?"라고 하며 뇌물을 받지 않았다.

우리 역사에도 황희, 맹사성, 박수량 등 청렴한 관리들이 많이 있었다. 그 예로 조선 명종 때 판서를 지낸 박수량의 백비는 청백리의 표상이 되고 있다. 그리고 우리 조상들은 청빈을 미덕으로 알고 살았다.

『일사유사(逸士遺事)』를 보면, "나이 어린 형제를 키우던 가난한 과부가 우연히 처마 밑에서 금, 은, 보화가 가득 들어 있는 가마솥을 발견했다. 이 부인은 노력하지 않고 생긴 재물은 재앙이라고 하여 땅에 묻고 이사를 가버렸다. 그 후 부인은 삯바느질을 하여 두 형제를 훌륭히 키웠다"고 한다.

이와 같이 우리 조상들은 더러운 재물을 탐내지 않았다. 비록 가난하더라도 '나물 먹고 물 마시며 팔을 베고 누웠으니 대장부 살림살이 이만하면 족하리'라고 안분지족하며 살았다.

그러나 황금만능주의가 팽배해지면서 요즘 청소년들 중에는 '만약 10억 원이 생긴다면 감옥에 가도 좋다'고 하는 경우도 있다고 하니, 한국의 미래가 염려스럽기만 하다. 그렇기 때문에 학교 교육을 통해서 청렴한 국민을 길러내지 않으면 안 된다. 그리하여 부정부패가 없는 나라를 만들어 후세들이 정직한 사회에서 행복하게 살아갈 수 있도록 해야 한다.

부자로 사는 법

한때 '부자 되세요'라는 인사말이 유행한 적이 있었다. 황금만능주의 세태를 단적으로 보여주는 잘못된 사고방식에서 유행한 말이다. 부자가 어느 날 갑자기 되는 것도 아닌데, 로또복권 당첨되듯 부자 되라고 하면 없는 사람은 어쩌란 말인가?

대개 사람들은 부자가 되면 행복해질 거라고 생각한다. 하긴 부자는 돈에 궁핍하지 않고 물질적으로 풍요롭게 살 수 있어 가난한 사람보다 유리한 점이 많다. 그렇다고 아무나 부자가 되는 것도 아니지만 부자라고 다 행복한 것도 아니다.

최근 신문에서는 부자의 기준을 재산 60억 이상으로 국민자산 상위 20%라고 했다. 그런데 고위 공직자 재산공개를 보면 그 많은 돈을 어떻게 벌었는지 궁금할 따름이다. 더구나 경기 침체에도 불구하고 고위 공직자 10명 중 7명은 전년보다 재산이 평균 2억 원 늘었다고 하니, 그중에는 부정한 방법으로 부를 축적한 모리배들도 있을 것이다.

돈 없는 서민들이 볼 때는 분통 터지는 이야기이다. 죽어라고 일을 해도 중산층은커녕 워킹푸어(working poor)인데, 어느 세월에 돈을 모아야 부자가 된단 말인가. 그렇다고 도깨비 같은 돈타령만 하다가 인생 후회할 필요는 없다. 더구나 기업가나 고위 공직자 같은 부자들과 비교해서도 안 되지만 그들의 정직한 부를 비난해서도 안 된다.

가난한 나라 사람들이 경제적으로 부유한 국가의 국민들보다 행복지수가 더 높다는 사실을 알아야 한다. 그들은 남과 비교하지 않고 자신만의 미덕으로 행복하게 살아가고 있기 때문이다. 그런데 오늘날 대한민국은 어떠한가? 자살률, 이혼율, 교통사고 세계 1위에다, 출생률 최하위 등 살기 좋은 나라는 분명 아닌 것 같다. 그러니 이민 가는 사람들이 매년 늘어날 수밖에 없다.

그렇다고 청빈만을 미덕으로 알고 살아서는 안 된다. 어차피 인생은 '공수래공수거(空手來空手去)'인데, 알렉산더 대왕이 서른셋의 나이에 죽으면서 "내 죽으면 두 손을 관 밖으로 내놓아라"라고 유언을 했다고, '수의엔 호주머니가 없다'고, '죽어서 재물 가지고 저승 가는 게 아니라'고 가난하게 살 이유는 없다.

따라서 정직하게 돈을 벌고 안분지족할 줄 아는 삶을 살아야 한다. 그러기 위해서는 교육을 통해서 실물 경제를 배우고 부자가 되는 방법을 알아야 한다. 부자와 빈자는 돈이 있고 없고가 아니라 삶의 방식 차이일 뿐이다. 그러므로 바람직한 가치관을 가져야 한다. 로또 당첨자들이 일확천금을 얻고도 얼마 못 가서 돈을 잃고 불행해지는 까닭은 돈이 없어서가 아니라 부자의 지혜를 깨닫지 못했기 때문이다.

부자로 사는 법은 근검 절약하는 생활습관에 있다. 그리고 부자와 빈자의 차이를 보면.

① 부자는 성공을 위해, 빈자는 오락을 위해 시간을 보낸다.
② 부자는 정리정돈을 잘하고, 빈자는 지저분하다.
③ 부자는 투자에, 빈자는 소비에 관심이 많다.
④ 부자는 책을 읽고, 빈자는 TV나 스마트폰을 본다.
⑤ 부자는 사색하고, 빈자는 시끄럽다.

부자와 빈자의 차이는 재산의 많고 적음보다는 행복을 추구하는 마음가짐에 달려 있다. 이기적인 졸부들은 생전에 다 쓰지도 못할 만큼 많은 재산을 가지고 있으면서도 더 가지려고 욕망의 노예가 되고 있다. 반면에 진정한 부자는 남과 비교하지 않고 자신이 가진 것에 만족하며, 남을 도우며 자신의 삶에 감사하고 행복을 느끼며 산다.

결국 부자와 빈자는 삶의 방식 차이에서 비롯된다. 누구나 부자가 되지 못한 까닭은 부자 되기를 게을리하기 때문이다.

그러므로 어릴 때부터 부자 되는 법을 가정이나 학교 교육을 통해서 가르쳐야 한다. 그리하여 넉넉한 마음으로 나눔과 베풂의 미덕을 실천하며, 다 함께 행복하게 살아가야 할 것이다.

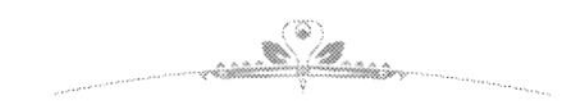

그냥 한번 웃어보자

그냥 한번 웃어보자. 웃으면 기분이 좋아진다. 혼자 바보처럼 웃어보고, 곁에 있는 사람 보고 씽긋 웃어보자. 이상하게 쳐다봐도 좋고, 미친놈이라고 해도 좋다. 내 기분이 좋으면 그만 아닌가. 웃는 얼굴에 침 뱉겠는가?

아침에 일어나면 거울을 보고 싱글벙글 웃어보자. "오늘은 좋은 일이 있을 거야!"라고 자기 암시를 하면서 가장 멋진 스마일 표정을 지어보자. 또 잠자기 전에 웃어보자. 오늘 일어난 일 중에서 가장 재밌거나 즐거운 일을 생각하면서 히죽히죽 웃어보자. 웃으면 복이 온다니까 좋은 꿈을 꿀지도 모른다.

우리 옆집 할머니는 90살이 넘었는데, 이도 없는 입을 한바가지나 벌리고 웃는다. 내가 보면 웃을 일도 없는데, 그냥 웃는다. '왜 사냐건/ 웃지요'라고 말한 시인처럼 말이다. 그런데 날마다 뭐가 그리 중요하고 바쁜 일이 많다고, 화를 벌컥벌컥 내고 빨리빨리 살아야 한단 말인가. 지난 일들을 뒤돌아보면 부질없는 일인데….

80살을 산 노인이 자신의 인생을 돌이켜보니, 잠자는 데 26년, 일하는 데 21년, 밥 먹는 데 6년, 사람을 기다리는 데 6년을 보냈지만, 웃는 데는 22시간밖에 쓰지 못했다는 통계가 있다. 웃을 일이 없어서가 아니라 웃지 않고 살았기 때문이다.

언제부터인가 우리 사회는 웃음이 사라져가고 있다. 모두들 이를 앙다물고 경쟁하듯이 살아가고 있다. 자신의 욕망을 충족하기 위해 일에 쫓기는 노예가 되고, 화를 내고 스트레스를 받으며 웃음을 잃어가고 있다. 그래서 얼굴 표정이 무뚝뚝하고 굳어 있다.

한국 사람들이 잘 웃지 않는 까닭은 웃음이 헤픈 사람을 점잖지 못한 사람으로 여기기 때문이다. 그러나 요즘은 유머를 잘하고 잘 웃는 사람이 건강하고 성공한다. 스트레스를 받으면 '코르티졸' 호르몬이 나오지만 웃으면 행복 호르몬인 '엔돌핀', '도파민', '세로토닌', '다이돌핀'이 나와 건강에도 좋다. 또한 웃는 얼굴은 남에게 호감을 주며 긍정적인 이미지로 대인관계에 좋은 영향을 미쳐 성공한다는 것이다.

얼굴은 부모의 유전 형질을 타고 나기 때문에 바꾸기가 어렵다. 그러나 얼굴 표정은 자신의 감정을 드러내는 것이기 때문에 자기 마음대로 바꿀 수가 있다. 그러므로 얼굴은 자신의 생각이나 감정을 남에게 전달하는 것이므로 얼굴 표정을 통해 남에게 좋은 인상을 주도록 노력해야 한다.

얼굴은 내면의 감정을 그려내는 마음의 거울이다. 대개 사람들은 처음 보는 상대방의 얼굴과 말을 들어보고 그 사람을 판단한다. 그러므로 남에게 호감을 주는 좋은 인상을 만들기 위해서는 항상 밝고 온화하게 미소 짓는 얼굴로 품위 있게 말을 해야 한다.

웃는 얼굴로 말을 하면 상대방의 마음을 편안하게 하여 분위기도 밝아지고 인간관계도 좋아진다. 그러므로 주위 사람들에게 사랑받으며 성공하고 싶다면 자주 웃어야 한다. 웃는 얼굴은 상대방에게 좋은 인상을 남기며 자신도 행복감을 느끼게 된다.

우리는 자신의 욕망을 충족하기 위해 일과 시간에 쫓기며 스트레스를 받으면서 웃지도 않고 살아가고 있다. 더구나 부와 명예를 얻기 위해 자신의 건강과 행복을 잃어가면서 인생을 허비하고 있다. 행복은 미래가 아닌 지금 이 순간인데 말이다. 그러니까 지금 그냥 한번 웃어보자.

인생이 가는 길

인생(생명을 가진 사람)은 누구나 낯선 길을 간다. 그 길은 처음 가는 길로 한 번밖에 갈 수 없으며, 다시 되돌아갈 수 없는 길이다. 그 길을 가면서 많은 사람들을 만나고, 많은 일들을 하게 된다. 그러한 과정에서 좋은 길동무를 만나기도 하고, 돌부리에 걸려 넘어지기도 한다. 그래서 바른 길을 가기 위해 훌륭한 선인들이 갔던 길을 따라가기도 하고, 자기만의 길을 개척하기도 한다. 그렇기 때문에 서산대사(1520~1604)는 후세 사람들을 위해 다음과 같은 선시(禪詩)를 남겼다.

踏雪野中去　눈 덮인 들판을 걸어갈 때는
不須胡亂行　발걸음을 어지럽히며 가지 말라
今日我行跡　오늘 내가 걸어가는 이 발자취는
遂作後人程　반드시 뒷사람들의 길이 되리니

인생이 살아가는 길은 사람마다 생각이 다르고, 환경이 다르기 때문에 천차만별하다. 그래서 '어떻게 사는 것이 바람직한 인생(사람의 생활)인가?'라는 정답은 있을 수 없다. 왜냐하면 과거에서 현재까지 살아온 수많은 사람들의 경험이나 지식을 바탕으로 후세 사람들이 살아가지만 미래는 알 수 없기 때문이다. 그래서 훌륭한 사람을 본받거나 자기만의 새로운 길을 개척하기도 한다.

이러한 인생 여정에서 무엇보다 소중한 것은 인연이다. 부모형제와 만남뿐만 아니라 혈연, 지연, 학연, 직장연, 종교연 등 수많은 사람들과의 인간관계는 인생을 살아가는 데 있어 귀중한 자산이다. 그러므로 누구를 만나 어떠한 인생을 사느냐에 따라 행복하거나 불행한 삶이 되기도 한다. 그중에서 배우자와 친구는 자기가 선택한 만남이지만 인생에서 누구보다도 많은 영향을 미치게 된다.

세상을 사노라면 수많은 사람들과 인간관계를 맺으며 살아가야 한다. 그중에는 디딤돌이나 징검다리가 되는 사람이 있고, 걸림돌이나 누름돌 같은 사람도 있다. 인생을 살면서 징검다리와 같이 은혜로운 사람이 있는가 하면, 걸림돌처럼 인생을 가로막고 괴롭힘을 주는 사람도 있다.

하지만 세월이 약이라고 지나간 과거의 아픈 상처도 시간이 지나면 잊히기 마련이다. 그러면서 현재의 삶에서 보람과 행복을 찾을 수밖에 없는 것이 우리의 인생이다. 우리가 세상을 살아가면서 많은 일들을 하지만 결국은 서로 사랑하고 행복하게 살기 위한 것이다. 그러므로 인생이란 혼자서는 갈 수 없는 험난한 길이기에 길동무와 함께 가야 한다. 그러기 위해서는 무엇보다도 즐거운 마음으로 원만한 인간관계를 갖고 인간답게 살아가야 한다.

우리에게 주어진 인생!(사람의 목숨) 결코 헛된 일장춘몽이 아니다. 인생이 가는 길은 결국 죽음을 향해 갈지라도 가치 있고 보람된 삶을 살아야 한다. 가치 있는 삶이란 자신만을 위한 삶이 아니라 남과 더불어 살아가면서 선행을 베푸는 일이다. 선행을 베푼다는 것은 남을 위해 정신적으로나 물질적으로 베풀며 도와주는 일이다.

인생(생명을 가진 사람)이 이 세상을 떠나면 그 인생(사람의 생활)은 살아있는 사람들의 기억 속에 남게 된다. 그 기억은 생전에 그 사람이 선행을 베풀었는가, 아니면 악행을 저질렀는가에 따라 그 사람의 인간성이 평가되는 것이다. 그러므로 "표범은 죽어서 가죽을 남기고 사람은 죽어서 이름을 남긴다.(豹死留皮 人死留名)"는 말처럼, 선행은 사람들 마음속에 잊히지 않는 아름다운 이름을 남기는 일이다.

"개똥밭에 뒹굴어도 이승이 좋다"는데, 사람은 한 번 태어나면 언젠가는 이승을 떠나야 한다. 아무리 많이 가진 사람일지라도 이 세상에 내 것은 하나도 없다. 다만 가진 것을 잠시 가지고 있다가 모두 버리고 떠나야 한다. 우리들은 이 세상에 태어날 때 울면서 태어났다. 그러나 이 세상을 떠날 때는 웃으면서 떠날 수 있도록 인생(이 세상에 살아있는 동안)은 선행을 베풀면서 사랑하고 행복하게 살아가야 할 것이다.

※인생(人生): ①생명을 가진 사람, ②사람의 생활, ③사람의 목숨, ④사람이 이 세상에 살아있는 동안, 일생.

2

변방에 사는 사람들

역사적으로 수많은 외침과 차별 속에서도 좌절하지 않고 살아온 전라도 사람들은 불의에 대한 저항의식이 강렬했다.

그래서 이순신 장군은 "만약 호남이 없었다면 나라가 없었다(若無湖南 是無國家)"고 했다.

이같이 한반도의 변방에서 살아가는 사람들은 수난의 역사 속에서도 끈질기게 살아온 세월 속에 응어리진 이야기들이 남아 있다.

전라도 천년나무

꽃샘추위에 새순이 파르르 떨리던 날 전라도 천년나무를 찾아갔다. 문재인 대통령이 사법고시 공부를 했던 해남 대흥사를 보고, 만일암 옛터가 있는 해발 703m 가련봉을 올라갔다. 우리 일행은 두륜산의 아름다운 경치에 도취되어 너덜겅에 걸려 넘어지면서도, 해가 지기 전에 진도 '신비의 바닷길'을 보러 가야 하기 때문에 가파른 산길을 숨 가쁘게 걸어갔다.

산봉우리 아래 옛 암자터에는 5층 석탑과 파손된 석등 그리고 우물터만 남아 있었다. 폐허가 된 암자에서 조금 떨어진 곳에 높이 22m, 둘레 9.6m의 아름드리 큰 느티나무 한 그루가 서 있었다. 수령이 1100년이나 되는 이 나무는 통일신라시대 때부터 이곳에서 전라도의 역사와 애환을 지켜보고 있었을 것이다.

통일신라 이전에 전라도는 마한과 백제 땅이었다. 전라도는 노령산맥을 기준으로 북쪽인 전주, 남원을 강남도(江南道)라 하고, 남쪽인 나주, 광주, 승주를 해양도(海陽道)라고 불렀다. 고려 현종 때인 1018년에 강남도와 해양도를 합쳐 전주와 나주의 첫 글자를 따서 전라도(全羅道)라고 부르기 시작했다.

고려시대에 행정구역을 8도로 나누면서 전라도가 제일 먼저 이름이 정해졌다. 이어서 1314년 경상도, 1356년 충청도, 1395년 강원도, 1413년 평안도, 1414년 경기도, 1417년 황해도, 1509년 함경도가 명명되었다. 전라도를 호남(湖南)이라고 하는데, 이는 금강의 옛 이름이 금호강(金湖江)으로 금호강 이남을 호남이라고 불렀다. 전라도는 1896년 노령산맥을 기준으로 남도와 북도로 나뉘었으며, 1946년 제주도가 분도되고, 1986년에는 광주가 광주광역시로 개편되었다.

전라도라고 이름을 정한 지 1000년이 되는 해인 2018년에 전라남·북도와 광주광역시가 기념사업을 추진했다. 그중 하나가 살아있는 기념물로 전라도를 대표할 천년나무를 선정하기로 했다. 전남에서 보호관리 중인 보호수 4512그루, 천연기념물 24그루, 기념물 28그루, 총 4103그루를 대상으로 전남대 연구진의 사전조사와 수목 전문가의 예비심사를 거쳐 최종 선발된 해남 느티나무, 강진 푸조나무, 진도 비자나무 중에서 SNS 설문조사를 통해 해남 느티나무를 '전라도 천년나무'로 선정했다.

이 나무는 '해를 붙잡아 매어둔 나무'라는 전설을 가지고 있다. 하늘나라에서 쫓겨난 천동과 천녀가 하루 만에 불상을 조성하면 하늘나라로 올라갈 수 있었다. 그래서 두륜산을 넘어가는 해를 나무에 매달아놓고 북미륵암의 마애여래 좌상과 남미륵암의 마애불 입상을 조성했다. 그러나 먼저 조각을 마친 천녀가 천동을 기다리다 해는 지고 다급해지자 밧줄을 끊고 혼자 올라가버렸다. 천녀가 양각으로 조각한 마애여래 좌상은 국보 제308호이며, 음각인 남미륵암은 바위에 이끼가 끼어 형체를 알아볼 수 없게 되었다.

전설은 비현실적인 이야기이다. 더구나 1100년 된 이 느티나무는 마애불이 조성되던 시기인 850~932년 무렵에는 해를 붙들어 맬 만큼 큰 나무는 아니었을 것이다. 그런데도 이러한 전설이 전해 내려온다는 것은 불심이나 토속신앙으로 국난을 극복하고자 하는 백성들의 염원이었으리라.

전라도는 햇볕이 따뜻하고 기후가 온화하여 농산수산물이 풍족하여 음식 문화가 발달하고 인심이 후덕한 고장이다. 여러 강들은 넓은 평야를 굽이돌아 바다로 흘러가듯 전라도 사람들의 성정은 자유분방하면서도 낙천적이어서 예술적인 기질이 뛰어났다.

그러나 전라도는 변방지역으로 곡창지대가 많아 백성들은 왜적의 침략뿐만 아니라 부패한 관리들의 수탈에 시달려왔다.

그래서 임진왜란과 일제 침략 때는 의병이 봉기하였으며, 부패한 관리의 가혹한 횡포에 항거하여 동학농민혁명이 일어났다.

역사적으로 수많은 침략과 핍박 속에서도 좌절하지 않고 살아온 전라도 사람들은 어느 지역보다도 민중의식이 강해 외침이나 불의에 대한 저항의식이 강렬했다. 이순신 장군은 "만약 호남이 없었다면 나라가 없었다(若無湖南 是無國家)"고 했다. 이같이 전라도 사람들은 수난의 역사 속에서도 끈질기게 살아온 세월처럼 '전라도 천년나무'도 전라도 사람들의 애환과 더불어 살아갈 것이다.

무등에 살어리랏다

무등산에 올라/ 무등(無等)을 보니/ 평등(平等)을 바라던/ 민초(民草)들이/ 너덜겅 같네

이 5행시는 '디카 시화전'에 전시된 자작시이다. 무등이 좋아 무등산에 자주 오르다 보니, 주상절리가 무너져 부서진 너덜겅이 마치 평등을 외치다 죽어간 전라도 사람들 같아 보였다.

무등산은 '등급이 없는 산'이라고 한다. 변방에 사는 전라도 사람들이 차별받으며 살아온 수난의 역사 속에서 어머니 같은 무등산은 아픔을 달래주던 산이다. 임진왜란과 일제 침략 때 의병으로 죽어간 부모형제들, 동학농민혁명 때 억울하게 죽은 농민들, 그리고 5·18광주민주항쟁과 민주화를 위해 투쟁하다 죽은 수많은 사람들이 무등산을 바라보며 울었을 것이다.

이러한 무등산을 『삼국사기』에는 '무진악'이라고 했으며, 「고려사」에는 '무등산'이라고 했다. 무등은 '무돌'의 이두식 표기로 '무지개 돌'이라고 하며, 무등산을 '서석산(瑞石山)'이라고도 하는데, 이는 신비로운 돌기둥의 모습이 상서롭기 때문일 것이다. 그래서 예로부터 무등산을 '무당산'이라고 부르며, '무당골' 골짜기가 있는 신령스러운 산으로 여겼다.

무등산은 역사적으로 군사 요새지로 지금도 옛 성터의 흔적이 남아 있다. 무등산을 중심으로 의병활동이 활발했으며, 동학농민혁명과 항일운동 그리고 민주화운동에 이르기까지 나라에 몸 바쳐 싸운 구국열사들의 은신처이기도 했다. 이처럼 무등산은 아름다운 경관과 신령스러운 산일뿐만 아니라 국난을 이겨낸 선열들의 얼이 깃든 산이기도 하다.

국립공원 무등산은 '유네스코 세계 지질공원'으로 화산 폭발로 형성된 '천연기념물 제465호인 입석대'와 '서석대', '광석대' 같은 5·6각형의 돌기둥인 주상절리가 서 있다. 주상절리는 화산재가 굳어진 응회암으로 1187m 무등산 정상에서 800m 능선까지 펼쳐져 있다.

무등산 일대는 공룡이 살았던 중생대인 8500만 전에 세 차례의 화산 분출로 주상절리대가 형성되었으며, 바위에는 공룡과 익룡 발자국이 남아 있다. 무등산 주상절리는 세계적으로 희귀한 산 정상 부근에 돌기둥이 최대 7m 높이로 솟아 있

무등산 지왕봉 개방한 날

으며, 11㎢ 면적에 세계적인 규모로 분포되어 있다.

또한 무등산에는 5만 년 전에 주상절리가 무너져 쌓여 있는 너덜겅이 국내에서 가장 많이 산재하고 있다. '너덜' 또는 '너덜겅'은 돌기둥이 무너져 부서진 바윗덩이로 산비탈에 넓은 돌밭을 이루고 있다. 무등산에는 '무당골 너덜', '덕산 너덜', '지공 너덜', '인계리 너덜', 크게 네 개의 너덜군이 있다.

무등산은 정상인 천왕봉과 지왕봉, 인왕봉에 이르기까지 주상절리와 너덜겅이 있어 돌산 같아 보이지만 모난 돌을 덮고 있는 흙이 많은 토산이다. 무등산 정상은 동서남북 어디에서 보더라도 둥그스름한 모습으로 산세가 유순하여 인자한 어머니 같은 산이다. 광주 시내에서 정상이 보이며, 옛 전남도청에서 직선거리로 9㎞의 가까운 거리여서 시민들이 자주 찾아가는 산이다.

나 역시 무등이 좋아 퇴직 후에 무등산을 자주 올라간다. 그러께 겨울에는 박교수님과 함께 눈 덮인 서석대와 입석대를 보러갔다가 척추 디스크가 재발하여 야간에 119 대원들의 도움으로 들것에 실려 내려와 구급차로 병원에 간 적이 있었다.

작년 가을에는 디스크가 더 악화되기 전에 한 번도 가보지 않은 규봉암과 광석대를 가기 위해 준비를 철저히 하여 일행들과 함께 규봉암을 갔다. 그런데 중머리재에서 약사사로 내려오는 가파른 계단에서 넘어져 해가 진 어두운 밤에 겨우 약사사까지 와서 국립공원공단 차를 타고 내려왔다.

이제는 허리 통증 때문에 더 이상 무등산을 가지 않아야겠다고 생각했다. 그런데 지난 가을에 무등산 정상을 개방하여 아내와 함께 인왕봉을 거쳐 지왕봉을 다녀왔다.

광주에는 어머니같이 다정다감한 무등산이 있어 좋다. 더구나 차별 없는 평등한 세상을 바라는 민주·인권의 도시 광주에서 무등을 보며 살아간다는 것은 행복한 일이다. 그래서 나는 무등산 정상이 보이는 '무등산아이파크'에 살면서 등급 없는 세상 "무등(無等)에 살어리랏다.(살겠노라)"고 글을 쓰고 있다.

5월의 꽃넋

5월이 오면 붉은 황톳빛 산야에 찔레꽃이 핀다. 하얀 꽃잎에 진한 향기를 내뿜는 찔레꽃은 우리나라가 원산지인 꽃으로 한 맺힌 사연의 꽃 전설을 가지고 있다.

'찔레'는 고려시대에 몽고족에게 공녀로 끌려간 고려 소녀의 이름이다. 그녀는 낯선 이국땅에서 종살이를 하는 동안 고향에 계신 부모형제가 보고 싶었다. 어느 날 오랑캐 나라를 탈출하여 부모형제를 찾아 고국산천을 헤매고 다니다 지쳐 쓰러져 죽었다. 이렇게 죽은 찔레의 넋이 꽃이 되었다고 한다. 찔레의 한 서린 마음은 하얀 꽃잎으로 피어났고, 핏빛 눈물은 빨간 열매가 되었으며, 애달픈 목소리는 메아리가 되어 향기로 남았다.

5월 그날이 오면, 산자락 가시덤불 속에서도 찔레꽃은 피어나고, 한 맺힌 이의 가슴속에서도 찔레의 꽃넋은 되살아난다. 끈질긴 생명력으로 척박한 땅에서 꽃을 피우는 찔레는 불의에 항거한 5월 영령들의 모습을 생각나게 한다. 그 꽃은 소복 입은 여인처럼 서럽고, 꽃향기는 민주화의 함성처럼 온 산하에 흩날린다.

1980년 5월, 군사쿠데타에 항거한 수많은 광주 시민들은 민주화를 외치다 폭도로 몰려 죽임을 당했다. 비상계엄령이 선포되고 공수부대가 투입되어 시위 군중들을 무력으로 진압하면서 시민들과 계엄군 사이에 유혈 충돌이 발생했다. 그 소용돌이로 꽃다운 청춘들이 꽃잎처럼 쓰러져 트럭에 실려 망월동 묘지로 갔다.

그 후에도 군사독재정권에 저항한 대학생들과 광주 시민들은 시내 곳곳에서 민주화를 외치는 시위가 계속되었다. 도청 앞 광장을 비롯한 시내 곳곳에는 최루탄 연기와 화염병 불꽃으로 자욱했다. 자유와 정의를 부르짖던 피 끓는 젊은이들이 분신자살을 하고, 산 자들은 행방불명이 된 부모형제를 찾아 헤매고 다니며 「5월의 노래」를 불렀다.

꽃잎처럼 금남로에 뿌려진 붉은 너의 피
두부처럼 잘리어진 어여쁜 너의 젖가슴
5월 그날이 다시 오면 우리의 가슴에 붉은 피 솟네

어느덧 40년의 세월이 흘렀다. 세월은 과거를 잊게 한다. 5월 그날의 쓰라린 아픔도 이제는 역사 속에 남아 있을 뿐이다. 더욱이 역사의 현장을 체험하지 못한 사람들은 5월의 이야기를 잊어가고 있다. 그러나 찔레의 꽃말이 '양심의 가책'이듯, 찔레꽃이 피는 계절이면 양심의 가책을 느낀다.

1980년 5월 18일, 나는 휴전선 전방부대에서 근무하던 중 휴가를 받아 처가가 있는 광주에 왔다가 역사적인 현장을 목격하게 되었다. 광주뿐만 아니라 목포, 순천에서도 시위 현장을 구경했다. 그 후 비상사태가 발생하자 원대복귀 명령으로 전방부대로 돌아왔다.

전방부대에 근무하기 이태 전에는 계엄군으로 파견된 공수특전사 장교로 근무했었다. 생사고락을 함께 한 전우들이 군사쿠데타에 휘말리어 무고한 광주 시민들과 피를 흘리는 전투를 했다. 그리하여 수많은 시민들과 군인들이 희생당했다. 만약 내가 아직도 그 부대에 근무하고 있었더라면 고향 사람들과 총부리를 겨누며 싸웠을 것이 아닌가?

그 무렵 전방부대에서 정훈장교였던 나는 군사정권의 지시에 따라 5·18을 불순분자들의 폭동이라고 병사들에게 교육시켰다. 그 이듬해 제대를 하여 교직에 근무하면서도 5·18에 대해 학생들에게 올바른 역사인식을 가르쳐주지 못했다. 그뿐만 아니라 최루탄과 화염병이 난무하는 대학생들의 시위 현장을 보면서도 방관자로 구경만 했다.

군사정권이 바뀌고 문민정부가 들어서면서 비로소 잘못된 역사인식을 깨닫게 되었다. 부끄러웠다. 그해 처음으로 망월동 묘지를 찾아가 5월 영령들에게 역사의 죄인으로서 참회했다.

이 세상에 어느 누구인들 가슴 아픈 기억이 없겠는가! 하지만 5월 그때만큼 우리들의 가슴에 깊은 상처를 남긴 역사도 없으리라. 망월동 묘지에 묻힌 희생자나 동작동 묘지에 묻힌 군인이나 그들 모두는 우리들의 형제들이 아닌가? 더구나 굴욕의 세월을 살아온 희생자 유가족들의 슬픔을 누가 알겠는가? 또한 광주에 파견되어 살상을 자행한 군인들이 양심선언을 하지 못하고 세월의 뒤안길에서 침묵으로 살아온 삶은 얼마나 괴로울 것인가?

40년의 세월이 흐른 이제는, 5월 그날의 해묵은 감정을 화해하고 용서할 수는 없을까? 숱한 역사의 소용돌이 속에서 피눈물로 살아온 우리 겨레에겐 찔레 소녀처럼 부모형제를 잃은 한 맺힌 사연이 어찌 없을까마는, 찔레가 죽어서 향기 짙은 꽃으로 피어나듯이 5월 그날의 쓰라린 역사를 승화시켜 민족 화해의 꽃을 피울 수는 없을까?

광주민주화운동 20주년이 되던 해에 광주시에서는 '5·18 추모 꽃길사업'으로 망월동 묘지 주변에 하얀 찔레꽃을 심었다. 그 후 2002년에는 '5·18 국립묘지'로 승격되면서 도로변에 하얗게 꽃이 피는 이팝나무를 심었다. 광주민주화운동 40주년이 되는 올해, 5·18 국립묘지 가는 길에 하얗게 핀 이팝나무꽃과 찔레꽃을 보니 감회가 새롭다. 흰 꽃이 '부활'을 상징하듯, 하얗게 꽃 핀 망월 동산에 화해와 평화의 꽃넋이 영원하리라.

민주광장에서 우는 뻐꾸기

뻐꾸기가 울던 그날은 폭염으로 열기가 식지 않았다. 뜨거운 여름밤에 광주 5·18 민주광장에서는 한국에 거주하는 캄보디아인들이 33년간 장기집권한 훈센 총리의 퇴진을 요구하며 촛불집회가 열렸다. 전국의 캄보디아 출신 결혼이주여성과 이주노동자 등 500여 명은 캄보디아 총선일에 맞춰 민주화를 외치며 자국어로 「님을 위한 행진곡」을 불렀다.

캄보디아 여성의 결혼식 주례를 본 적이 있었기 때문에 다문화 가정에 관심이 많았다. 그런데 한국으로 시집을 와서 한국 국적을 취득한 결혼이주여성들이 민주광장에서 캄보디아 민주화를 위한 촛불집회를 하면서 동남아에서 날아온 뻐꾸기처럼 울부짖고 있었다.

5·18 민주광장은 광주 시민들이 민주주의를 쟁취하기 위해 피 흘린 역사의 현장이다. 더구나 나는 5·18이 일어나기 이

태 전에 계엄군이었던 공수특전사 장교로 근무했었다. 또한 5·18 당시에는 전방부대에서 휴가를 나와 광주뿐만 아니라 목포, 순천에서도 시위 현장을 목격했다. 게다가 박근혜 대통령 탄핵 때는 민주광장에서 촛불집회에 참가한 적이 있었기 때문에 캄보디아인들의 촛불집회를 보면서 감회가 새로웠다.

캄보디아는 크메르 제국이 앙코르와트 사원을 세울 만큼 전성기를 누렸으나 19세기에 프랑스의 식민지가 되었으며, 독립 후에도 불안정한 정세 속에서 크메르 루즈군에 의해 200만 명이 학살당했다. 몇 년 전에 캄보디아 여행을 하면서 킬링필드 때 학살당한 해골들을 쌓아놓은 것을 보고 놀라지 않을 수 없었다. 그런데 지금도 공산독재정권 치하에서 신음하는 국민들을 위해 캄보디아 이주민들은 5·18 민주광장에서 뻐꾸기처럼 민주주의를 열망하며 함성을 외쳤던 것이다.

뻐꾸기는 한자어로 '포곡(布穀)'이라고 한다. 뻐꾸기가 "포곡 포곡" 우는 까닭은 "씨 뿌려라, 씨 뿌려라"고, 농부들에게 파종기가 되었으니 어서 씨를 뿌리라고 재촉하며 운다고 전해온다. 1908년 『대한매일신보』에 실린 「의장청조(依杖聽鳥)」에는 뻐꾸기를 '복국(復國)'이라고 하며, '나라를 다시 찾자'고 삼천리 방방곡곡에서 울어댄다고 했다. 아마 전라도 농민들은 뻐꾸기 소리를 듣고 씨를 뿌리다가 나라를 구하기 위해 의병으로 봉기하여 싸우다 죽었는지도 모른다. 전라도 사람들은 국난을 당하면 목숨을 희생하고 불의에 저항하며 나라를 지켰다. 그래서 이순신 장군은 "만약 호남이 없었다면 나라가 없었다."고 했다.

역사적으로 변방지역에서 오랫동안 차별당하며 살아온 전라도 사람들은 민중의식이 강해 외침이나 불의에 대한 저항의식이 강렬했다. 이러한 지역 정서가 마침내 민중항쟁으로 되살아났던 것이다. 5·18 광주민주화운동은 전라도 사람들이 불의에 저항한 여러 사건 중 역사적으로 계승된 일련의 사건으로 볼 수 있다. 임진왜란 때 의병의 봉기, 부패한 사회에 대한 반기로써 동학농민혁명, 일제의 침략에 항거한 광주학생독립운동, 그리고 민주화 과정으로 이어지는 일련의 역사적인 사건 중의 하나이다.

5·18 광주민주화운동처럼 용기 있는 사람들의 행동하는 양심이 마침내 위대한 역사를 만들게 되는 것이다. 광주 민중항쟁을 일으킨 전라도 사람들처럼 캄보디아 출신의 결혼이주여성과 이주노동자들이 민주광장에서 조국의 민주화를 위해 촛불집회를 열었다는 것은 역사적으로 의미 있는 사건이다.

민주·인권의 도시 광주에서 캄보디아 이주민들의 촛불집회는 공산독재 치하에서 신음하는 부모형제들이 어둠의 질곡에서 벗어날 수 있도록 구원하는 정의의 함성이다. 그 메아리가 온 세계로 울려 퍼져 지구촌 모든 사람들이 인간의 존엄성과 자유, 평등의 평화로운 세상이 될 수 있다면 참 좋겠다.

산수유꽃 피는 사연

빨간 열매 옆에 노랗게 핀 산수유꽃은 마치 산골 처녀 같다. 대부분의 나무들은 꽃이 지면 열매가 맺히고, 열매가 떨어지면 꽃이 핀다. 그러나 산수유나무는 차마 열매를 떨쳐버리지 못하고 수줍은 듯 꽃을 피우고 있다. 그래서 그런지 꽃샘추위 속에 피는 산수유꽃은 화사하기보다는 오히려 서럽게 보인다.

올해도 섬진강 다리를 건너 지리산 골짜기에 있는 구례군 산동면 산수유 마을을 찾아갔다. 지난해에는 축제 다음 날 다녀갔는데, 올해도 축제 다음 날 멀리 사는 친구가 산수유 마을을 가보고 싶다고 하여 또 찾아갔다. 산수유꽃은 주인이 떠난 빈집에도, 아이들이 없는 개울가에도 흐드러지게 피어 있었다.

산수유나무는 천 년 전에 중국 산동성에 살던 처녀가 지리산 산골로 시집을 오면서 가져온 나무라고 한다. 산수유나무는 꽃도 아름답지만 빨간 열매는 신령스러운 약재로 민간에 널리 사용되고 있다. 이와 같이 사람들로부터 사랑을 받아온 산수유 꽃말은 '영원한 사랑'이다. 구례 산동 마을에서는 변치 않는 사랑을 맹세하기 위해 산수유 꽃과 열매를 연인에게 선물하는 풍습이 전해오고 있다.

산수유 마을에는 슬픈 사연을 지닌 「산동애가」가 남아 있다. 「산동애가」는 구례군 산동면 상관마을에 사는 백부전(본명 순례)이라는 처녀가 큰 오빠는 징용으로 끌려가고, 작은 오빠는 여순사건으로 처형당하고, 셋째 오빠마저도 빨치산에게 부역한 혐의로 잡혀가게 되자, 대를 이어야 할 오빠 대신 끌려가면서 구슬프게 불렀던 노래라고 한다.

잘 있거라 산동아 너를 두고 나는 간다
열아홉 꽃봉오리 피어보지 못한 채로
까마귀 우는 골에 병든 다리 절며 절며
달비머리 풀어 얹고 원한의 넋이 되어
노고단 골짜기에 이름 없이 쓰러졌네.
- 하략 -

1948년 여순사건 때, 14연대 반란군이 지리산으로 숨어들어 빨치산이 되었다. 평화롭던 산골 마을에 들이닥친 빨치산들은 마을 사람들에게 부역을 강요하고, 식량을 약탈하다 순응하지 않으면 무참히 죽였다. 그중에는 무고한 젊은이들이 빨치산에게 끌려가 비참한 죽임을 당하거나 빨치산이 되기도 했다. 그래서 이데올로기가 뭔지도 모르는 산골 마을 사람들은 목숨을 부지하기 위해 낮에는 태극기를, 밤에는 인공기를 걸어두기도 했다.

그런데 국군과 경찰 토벌대들이 산골 마을에 들어와 빨치산들에게 부역한 산골 마을 사람들을 처형했다. 그러자 산골 마을 사람들은 마을에 산수유나무를 심어두고 마을을 떠났다. 지금은 지리산 자락에 화전민들이 떠나가고 없지만 그들이 살다간 빈 집터에는 빨치산들의 만행을 지켜본 산수유나무가 남아 있다. 그 나무들은 같은 민족끼리 좌익과 우익으로 나뉘어 총부리를 겨누던 피비린내 나는 역사를 기억하고 있을 것이다.

이른 봄 지리산 자락에 따스한 햇살이 내리쬐면 산수유나무에는 샛노랗게 질린 그들의 넋처럼 샛노란 꽃이 피어난다. 산수유 마을에서 벌어진 민족의 비극도 어느덧 70여 년의 세월이 흘렀다. 그런데 아직도 남북한이 갈린 데다 남한에서는 촛불집회와 태극기집회가 열리며 이념의 대립으로 국론이 분열되고 나라가 혼란스럽기만 하다.

산수유꽃이 필 때면, 해마다 구례군에서는 산수유 마을 사람들의 슬픈 사연을 잊은 채 상춘객들을 위한 꽃 축제를 한다. 이제는 남북통일을 염원하며, 산수유꽃 피는 사연을 스토리텔링으로 형상화하여 화합과 평화를 상징하는 산수유꽃 축제가 열렸으면 좋겠다. 그러면 지리산 자락에 화려하게 핀 산수유꽃처럼 우리들 마음속에도 화합과 평화의 꽃이 활짝 필 테니까 말이다.

개망초꽃 피는 섬

뻐꾹새가 우는 계절이면 개망초꽃이 핀다. 개망초꽃은 섬사람들이 떠나가버린 빈집에 을씨년스럽게 피어 있다. 하얀 꽃잎들이 갯바람에 흩날리는 모습이 마치 태풍주의보가 내린 바다에서 거친 파도에 부서지는 하얀 물거품 같다.

개망초꽃은 여름이면 산과 들에 지천으로 핀다. 잡초처럼 아무 데서나 흔하게 피는 꽃이라 누가 눈여겨 보아주지도 않는 천덕꾸러기 같은 꽃이다. 그러나 볼품없는 꽃이지만 그 나름대로 존재 의미가 있는 꽃이다.

북아메리카가 원산지인 개망초는 일본 제국주의자들이 우리 땅에 들어오면서 철도 침목에 씨앗이 묻어 들어온 외래식물이다. 개망초는 일본 침략자들과 함께 들어오면서 나라를 망하게 한 꽃이라 하여 '망국초' 또는 '개망초'라고 불렀다.

'금빛 해가 뜨는 섬(金日)'에는 개망초꽃이 필 무렵이면 바다에서 다시마를 수확한다. 다시마 수확철이면 4천여 명이 사는 섬에 5천여 명의 인부들이 몰려온다. 그중에는 한국인도 있지만 대부분이 외국에서 온 노동자들이다. 동남아뿐만 아니라 북아프리카 등 가난한 나라에서 다양한 인종들이 일시에 몰려들어와 섬사람들과 함께 바닷일을 한다.

이들 말고도 이 섬에는 다문화 결혼이주민들이 살고 있다. 동남아 등 여러 나라에서 들어온 여성들로 농어촌에 사는 노총각들과 국제결혼을 하여 외래식물인 개망초처럼 이 땅에 뿌리를 내리고 살고 있다. 마치 개망초 꽃씨가 바람에 흩날리어 퍼져 나가듯이 이들은 전국에 흩어져 살고 있다.

예전에 내가 살던 관사 옆집에는 필리핀에서 온 다문화 여성이 살고 있었다. 한국에 온 지 7년째인데 벌써 아이들이 셋이나 되었다. 영어를 사용하는 나라에서 왔지만 영어회화가 서툴러 대화도 제대로 할 수가 없었다. 그렇지만 그녀는 섬나라에서 왔기 때문에 잘 적응하며 살고 있었다. 그러나 평생 바다를 보지 않고 자란 몽골이나 중국에서 온 여자들은 바다를 두려워하고 있었다.

이제는 단군의 자손인 배달민족이 세계화의 추세에 따라 다인종들과 더불어 살게 되었다. 이는 결코 바람직한 일은 아니지만 어쩔 수 없는 현실이다. 그런데 인종이 다른 남녀가 서로 사랑하여 결혼을 한다면 몰라도 돈 때문에 한국으로 시집을 왔다면 문제가 아닐 수 없다.

역사를 통해서 보더라도, 우리 민족이 다른 민족의 피가 많이 섞인 시기는 외침을 당한 국난의 시대였다. 고려시대 몽고의 침략과 조선시대 임진왜란, 병자호란, 그리고 한국전쟁 등 불행했던 과거의 역사 속에서 혼혈아들이 많이 태어났다. 그런데 이제는 결혼이주여성, 이주노동자 등이 대거 유입되면서 우리나라도 다인종 국가가 되었다.

더구나 농어촌에는 다문화 여성들이 낳은 혼혈아들이 우리의 고향을 지키게 되었다. 그렇지만 농어촌은 한국인의 정서가 깃들어 있는 고향의 원형질이다. 그래서 명절이면 고향을 향해 민족의 대이동이 이루어진다. 이러한 한국의 미풍양속을 자기 나라의 풍습에 길들어진 다문화 어머니들이 자녀들에게 제대로 가르쳐줄 수 있을지 의문스럽다. 오히려 명절이 되면 그들 어머니의 고향을 찾아가지 않을는지 모를 일이다.

섬에는 개망초꽃이 필 무렵이면 철새인 뻐꾸기가 동남아에서 날아온다. 뻐꾸기는 탁란을 하는 새이다. 텃새인 붉은머리오목눈이(뱁새) 둥지에 뻐꾸기가 몰래 알을 낳고 가버리면 붉은머리오목눈이는 뻐꾸기 알을 자기 알과 함께 부화시킨다. 그런데 덩치가 큰 뻐꾸기 새끼는 붉은머리오목눈이 새끼를 둥지에서 밀어내어 떨어져 죽게 만든다. 게다가 뻐꾸기는 새끼가 다 자라면 새끼를 데리고 다시 고향으로 날아가버린다.

나그네새인 뻐꾸기가 여름철이면 날아오고, 외래식물인 개망초가 한국 땅에서 꽃을 피우고 살듯이, 한국인과 결혼한 다문화 여성이 한국 문화에 적응하고, 그들의 자녀들이 잘 자랄 수 있도록 도와주어야 한다.

그리하여 개망초의 꽃말이 '화해'이듯이 화해하는 마음으로 외래종인 뻐꾸기와 개망초와 다문화 가족이 지구촌의 한 가족으로 더불어 살아가야 한다. 그래야만 원주민이 섬을 떠나가 버린 빈집에 해마다 개망초꽃이 필 때면, 뻐꾹새가 날아와 울고, 다문화 가정의 아이들이 뛰놀 수 있을 것이다.

하늘빛이 서러워

아름다운 숲과 백사장으로 둘러싸인 소록도에 한센병 환자들은 보이지 않고 방문객들만 서성거리고 있었다. 처음으로 찾아가는 소록도 병원은 천형(天刑)의 문둥병 환자들이 사는 곳이라는 느낌보다는 조용한 공원 같았다.

해와 하늘빛이
문둥이는 서러워
보리밭에 달 뜨면
애기 하나 먹고
꽃처럼 붉은 울음을 밤새 울었다.

서정주 시인의 「문둥이」라는 시를 읽으면서 어릴 때 고향 친구를 생각하며 울었던 기억이 새삼스럽게 떠올랐다. 해와 하늘을 보며 문둥이는 하느님이 원망스러웠던 것이다. 무슨

죄를 지었다고 하늘이 이런 몹쓸 병을 주었단 말인가? 문둥이는 서러워 꽃처럼 붉은 울음을 밤새 울었으리라.

초등학교에 입학하기 전의 일이었을까? 어렴풋한 기억 속에 남아 있는 문둥병에 걸린 친구 생각에 차마 소록도를 갈 수가 없었다. 아마 그가 죽지 않았다면 소록도에 살고 있을 거라는 생각 때문이었다. 소록도를 찾아간 그날도 그 친구를 만날 것 같은 상상에 빠져들곤 했다.

소록도 병원을 둘러보고 한센인들의 유적지를 보면서 어떻게 인간으로서 이렇게까지 했는가 하는 죄의식마저 들었다. 한센인들이 자식을 낳지 못하도록 정관수술을 했던 감금실과 시체를 해부했던 검시실을 보니 온몸에 소름이 끼쳤다. 음침한 시멘트 건물 구석에서 비명으로 죽어간 한센인들이 귀신으로 나타나 억울함을 하소연할 것만 같았다.

한센병 환자들은 문둥이라는 이유만으로 모든 굴욕과 수모를 당하며 비참한 생활을 했다. 일제시대 때는 병을 치료하기보다는 혹독한 강제노역으로 수많은 한센인들이 죽어갔다. 일본인들의 매질과 고문을 견디지 못해 자살하거나 바다를 헤엄쳐 육지로 건너가다 익사하기도 했다. 심지어 비인간적인 학대를 참지 못한 젊은이가 일본인 병원장을 살해하기도 했다.

어린 시절에는 문둥이도 많았다. 동냥을 다니는 눈썹이 빠지고 얼굴이 일그러진 문둥이를 만나면 소스라치게 놀라 도망

가기도 했다. 어른들은 문둥이가 애기를 잡아먹는다고 했고, 집에 불을 지른다고 하면서 문둥이를 보면 쫓아냈다. 보릿고개 때는 굶어 죽거나 추운 겨울에 다리 밑에서 얼어 죽은 문둥이도 많았다.

그런데 함께 놀던 친구가 문둥병에 걸렸다. 그 친구는 우리들과 친하게 지낸 착한 아이였는데 몹쓸 병에 걸려 죽게 되었다. 그의 아버지는 문둥병에 걸린 아이를 산 채로 산에 파묻으려는 것을 어머니가 외딴 오두막집에 숨겨두었다. 외딴집에 개 짖는 소리가 들릴 때면 어머니는 개밥을 준다고 하면서 몰래 밥을 가져다주었다. 어머니는 죽어가는 자식을 볼 때마다 가슴이 찢어지는데, 아이는 밤하늘에 별이 쏟아지듯 서러운 울음을 울었다.

어느 날 그 친구를 어떤 문둥이가 소록도 병원으로 데리고 갔다는 풍문만 떠돌았다. 어릴 때 어깨동무를 하던 그 친구를 문둥이들이 어깨동무를 하고 함께 소록도로 갔는지 모른다. 문둥이라고 천대받던 한하운 시인도 찌그러진 얼굴에 뭉그러진 손발, 고름 냄새나는 몸을 절름거리며 소록도를 찾아갔다. 그의 「전라도길」이라는 시를 읽으면 눈물이 난다.

가도 가도 붉은 황톳길
숨 막히는 더위뿐이더라
낯선 친구 만나면

우리들 문둥이끼리 반갑다
- 중략 -
신을 벗으면
버드나무 밑에서 지까다비를 벗으면
발가락이 또 한 개 없다
앞으로 남은 두 개의 발가락이 잘릴 때까지
가도 가도 천리 먼 전라도길

전설 속에 하얀 아기사슴이 산다는 아름다운 소록도에 1916년에 나병환자 병원을 설립했다. 하늘이 내린 벌이라고 하여 세상에서 버림받은 나병에 걸린 사람들이 이곳에 모여 살았다. 더러는 나환자 정착촌에 모여 그들만의 삶을 사는 한센인도 있었지만 나병을 치료하기 위해서는 소록도로 가야만 했다.

지금은 의술이 발달하여 완치되고 있지만 예전에는 죽음의 병이었다. 그런 무서운 병을 두려워하지 않고 이곳에서 43년간이나 맨손으로 치료를 했던 천사 같은 오스트리아 출신 간호사 마리안느와 마가렛이 10여 년 전에 칠십 늙은 몸이 되자 몰래 한국을 떠났다고 한다.

전설 같은 그녀들의 숭고한 사랑 이야기를 들으며 소록도를 떠나려니, 붉은 동백꽃이 서럽게 이승을 떠난 한센인들처럼 처연하게 땅에 떨어져 있었다.

말이 많은 세상

우리는 말의 홍수시대에 살고 있다. 요즘 방송이나 신문을 보면 온통 말에 대한 시빗거리뿐이다. 정치인들이 한 말에는 존경이나 신뢰는 없고, 그 말에 대해 또 다른 말들이 홍수처럼 범람하고 있다. 정치나 경제뿐만 아니라 세상살이가 마치 말로만 하는 것 같아 참으로 말이 많은 세상이라는 생각이 든다.

홍수로 쏟아지는 물은 혼탁하다. 말도 해야 할 말과 하지 말아야 할 말을 구별하지 못하고 홍수처럼 함부로 쏟아내서는 안 된다. 물도 가라앉혀야 맑은 물이 되듯이 말을 하기 전에 생각을 가라앉혀야 된다. 그래야만 말에 대한 실수나 후회를 하지 않는다.

그런데 사회 지도층에 있는 사람들 중에는 말을 잘못하여 지탄을 받기도 한다. 더구나 비리를 저질렀으면서도 잘못을 인정하기보다는 변명으로 일관하여 국민들의 분노를 사고 있다. 이러한 까닭은 자기가 한 말에 대해 책임을 질 줄 모르기 때문이다. 그러므로 정의로운 사회가 되기 위해서는 나 자신부터 신뢰할 수 있는 정직한 말을 해야 하고, 자기가 한 말에 대해 책임을 질 줄 알아야 한다.

글도 말과 마찬가지이다. 글은 문자화되어 기록으로 남기 때문에 더욱 신중해야 한다. 요즘은 스마트폰이 대중화되어 SNS를 통해 정보를 공유하면서 가짜 뉴스가 떠돌고 있다. 사실이 아닌 것을 사실인 양 가짜 정보를 SNS에 퍼뜨리는 사람은 사회악이다.

말과 글은 그 사람의 생각이다. 생각이 감정과 행동을 만들므로 생각은 모든 일의 원인이 된다. 그래서 말만큼의 사람이 되는 것이다. 말이 진실하고 믿을 수 있는 사람은 그 사람됨이 진실하고 믿을 수 있다. 그러므로 그 사람의 말을 들어보고 그 사람의 행동을 보면 그 사람을 알 수 있다.

그러므로 말을 할 때는 '세 번 생각하여 한 번 말해야(三思一言)' 한다. 그리고 '웅변은 은이요, 침묵은 금이다'라는 명언이 있다. 말을 많이 하는 것보다 침묵하는 게 좋고, 남의 말을 경청하는 태도가 필요하다. 경청(敬聽)은 존경하는 마음에서 우러나오는 겸손이다. 내 말을 앞세우기보다 남의 말을 경청함으로써 상대방에게 좋은 인상을 주며 신뢰감을 갖게 한다.

그렇지만 사람들은 하루에도 수없이 많은 말을 한다. 그 말이 우주 공간에서 다시 메아리가 되어 자신에게 되돌아온다면, 또는 그동안 지구에서 살다간 수많은 사람들의 말이 우주 공간에 떠돌고 있다면 어떻게 될까? 과연 그 말 속에는 얼마나 진실되고 사랑이 깃든 말이 있을까?

말은 씨가 된다. 자기가 한 말이 사라지지 않고 언젠가 씨앗처럼 싹이 트고 뿌리를 내린다. 그 말의 씨가 자성예언이 되어 실현되기도 하고, 때로는 남에게 독이 되어 증오가 되기도 한다. 마치 똑같은 물을 마신 꿀벌이나 젖소는 꿀이 되고 젖이 되지만 독사는 독이 되듯이 말도 그렇다.

그렇기 때문에 말은 영혼을 흔드는 힘이 있다. 남을 무시하는 말 한마디가 마음에 상처를 주기도 하고, 비난하는 말 한마디는 싸움의 불씨가 되기도 한다. 또한 사랑스러운 말 한마디에 마음을 열기도 하고, 간절히 염원하는 말 한마디로 소망이 실현되기도 한다.

그만큼 말에는 우리가 상상할 수 없는 신비로운 에너지가 존재하고 있다. 그러므로 자기가 한 말이 자기뿐만 아니라 남에게도 커다란 영향을 미친다는 사실을 명심해야 한다. 따라서 말을 할 때는 항상 신중해야 하고, 같은 말이라도 바르고 고운 말을 사용해야 한다. 더구나 말이 많은 세상일수록 더욱 그렇다.

돌탑의 허상

어떤 등산객이 산행을 하다가 갑자기 똥이 마려워 길가에 똥을 쌌다. 보는 사람은 없었지만 보기에 안 좋아 주위에 돌을 몇 개 모아 덮어 놓았다. 그 후 지나가던 사람들이 하나둘씩 그 돌 위에다 돌을 얹어 돌무더기가 되었다. 어느 날 누군가가 돌무더기 둘레에 큰 돌로 받침돌을 세우고 돌탑의 형태를 만들어 놓았다.

세월이 흐를수록 돌탑은 더욱 높아만 갔다. 그런데 돌탑에 소원을 빌면 이루어진다는 소문이 퍼졌다. 사람들은 돌탑 앞에서 두 손을 합장한 채 자기의 소원을 빌었다. 돌탑을 지나가던 사람들이 그 이야기를 듣고 앞사람을 따라 하고 있었다. 돌탑 속에는 똥이 들어 있는 줄도 모르고….

이 이야기는 실화라고 하지만 내가 직접 보고 듣지 않았기 때문에 믿을 수가 없다. 그러나 우리 주위에 얼마든지 있을 수 있는 일이다. 마치 개 한 마리가 짖으면 온 동네 개가 모두 따라 짖는 것과 마찬가지이다. 첫 번째 개는 어떤 대상을 보고 짖었지만, 다른 개들은 본질도 모른 채 소리만 듣고 오히려 더 큰 소리로 짖는다. 한 사람이 무슨 말을 퍼뜨리면 사람들은 그것을 확인도 하지 않고 퍼뜨리는 것과 마찬가지이다.

이러한 군중심리는 동물들의 집단행동에서도 나타난다. 레밍은 북유럽에 서식하는 쥐로 한 마리가 절벽에서 떨어지면 뒤따라오던 수많은 쥐들도 밀려서 절벽에 떨어져 물에 빠져 죽는다. 펭귄도 바다표범이 있어 선뜻 바다에 뛰어들지 못하지만 배고픔을 참지 못한 펭귄이 먼저 뛰어들면 다른 펭귄들도 일제히 뒤따라 뛰어들다 바다표범에게 잡혀 먹힌다는 것이다.

우리가 축제 때 시가행진을 하는 악대의 음악 소리가 들리면 많은 사람들이 무엇인지도 모르면서 몰려드는 쏠림현상이 나타난다. 이는 어떤 것이 유행하면 점점 많은 사람들이 그것을 따라 하는 사회 현상과도 같은 것이다. 일상생활에서 자주 겪는 일로 자기의 주관적인 판단보다는 많은 사람들의 쏠림에 편승하는 군중심리이다.

대개 사람들은 자기가 보고 싶은 것만 보고, 듣고 싶은 것만 듣는 심리가 있다. 그러면서 자신의 기존 사고방식과 일치하면 받아들이고, 배치되면 적대시하는 경향이 있다. 이러한 까닭은 남과 다름을 인정하지 않고, 자신의 이념이나 성향에 따라 이분법적 사고방식으로 어떤 대상을 구별하려고 하기 때문이다.

이와 같이 편향된 이념이나 사고방식이 군중심리에 의한 집단행동으로 나타나는 경우가 많다. 집단행동을 선동하는 리더는 자신의 주장을 사실인 것처럼 교묘하게 왜곡하여 진실인 양 사람들을 현혹시켜 믿게 만든다. 그리하여 결국에는 개인뿐만 아니라 사회가 혼란에 빠지게 된다.

이는 마치 원형선회와 같다. 원형선회는 개미떼가 앞선 개미가 흘려놓은 화학물질을 따라 한 마리도 이탈하지 않고, 큰 원을 며칠 동안 쉬지 않고 돌다가 마침내 개미떼 전체가 지쳐 죽고 만다. 이러한 죽음의 행진은 리더가 잘못된 길을 가면 무조건 따르는 사람들도 파멸의 길로 갈 수 있다는 것이다. 그렇지만 개미들 중에 리더를 따르지 않는 개미가 몇 마리만 있었더라도 개미들의 떼죽음은 피할 수 있었을 것이다.

최근 들어 이러한 원형선회와 같은 일들이 사회 곳곳에서 일어나고 있다. 특히 '코로나19'는 몇몇 교회에서 교인들이 집단 감염되어 많은 사람들에게 바이러스를 전염시켜 해당 지역 시민들뿐만 아니라 전 국민들을 불안에 떨게 하고 있다. 또한 국민들이 진보와 보수와 나뉘어 선거를 치르면서 정치판이 네 편 내 편으로 갈라져 국민 화합을 저해하고 있다.

이와 같이 어수선한 시국에 '돌탑의 허상과 같은 군중심리가 집단행동'으로 나타나 나라가 혼란스러워서는 안 된다. 그러므로 우리 국민들은 현실을 올바르게 인식하고 냉철하게 판단하는 지혜가 필요하다. 따라서 이러한 위기 상황일수록 우리 국민들이 서로 '협력'하여 난국을 슬기롭게 헤쳐나가야 할 것이다.

돌연변이 아이들

어떤 부모는 학교에서 상담을 하면서 자기 아이를 돌연변이라고 한다. 분명 부모로부터 유전자를 타고났을 텐데도 부모를 닮지 않은 것 같다고 한다. 이유인 즉, 아이들이 부모세대와는 너무 다른 사고방식과 별난 행동을 하기 때문이란다. 특히 스마트폰에 중독되어 공부를 하지 않는다고 걱정이다.

대부분의 부모들은 자녀들이 부모보다 더 나은 사람이 되기를 바라고 있다. 그래서 공부를 열심히 하여 명문대학에 진학하여 훌륭한 사람이 되도록 과외를 시키고 외국 연수도 보낸다. 그러나 자녀는 부모의 기대에 부응하지 못하면서 갈등이 생기고, 심지어 자살까지 하는 경우도 있다.

요즘 아이들은 부모세대가 학교에 다니던 시대와는 너무나 다른 환경에서 성장하기 때문에 부모와 자식 간에 대화가 잘 되지 않는다고 한다. 그래서 공부만 강요하는 부모는 공부를 하지 않는 아이가 돌연변이처럼 '어버이 계통에 없던 새로운 형질이 갑자기 출현한 것'으로 착각하고 있다. 이와 같은 현상은 우리 주변에 '오리의 우화'와 같은 일들이 벌어지고 있다.

자연에 사는 오리는 새 중에서도 잘 날고, 헤엄도 잘 치며, 땅에서도 잘 걷는 팔방미인이다. 마치 한국 교육처럼 모든 교과를 잘하는 편이다. 그런데 오리는 뒤뚱뒤뚱 걸으며 느리고 둔하다. 그래서 오리 엄마는 새끼 오리를 하늘 높이 나는 독수리처럼 만들기 위해 밤낮으로 훈련을 시키고 과외까지 시켰으나 오리발이 찢어지고 높은 데서 떨어져 죽고 말았다.

모든 새가 다 하늘 높이 날아야 할 필요는 없다. 오리는 오리의 능력에 맞게 날면 되고, 날지는 못하지만 빨리 달리는 타조나 깊은 물속에까지 잠수하는 펭귄은 그들 나름대로 살아가면 되는 것이다. 그런데도 부모들은 자녀들이 특출한 인재가 되기를 바라고, 학교에서는 높이 날도록 경쟁만 시키고 있다.

자연 속에 살아가는 모든 생명체는 저마다 타고난 자질을 바탕으로 분수에 맞게 살아간다. 그러나 인간은 과욕을 부리며 남과 비교하고 만족하지 못하면서 행복을 잃어가고 있다. 마치 오리를 독수리로 만들려는 오리 엄마처럼 자녀의 개성을 무시하고 부모의 뜻대로 키우려고 한다.

그러나 모든 생명체는 타고난 자질과 환경에 따라 성장한다. 닭은 날 필요가 없기 때문에 날 수 있는 날개를 가졌는데도 날기를 포기하여 날지 못한다. 그러나 꿀벌은 날지 않으면 안 되기 때문에 몸무게에 비해 작은 날개로 날기 어려운 데도 부단한 노력으로 날아다닌다. '코이'라는 관상 잉어는 작은 어항에서 기르면 5~8㎝밖에 자라지 못하지만 강물에서는 90~120㎝까지 성장한다.

이처럼 어떠한 환경에서 자라느냐에 따라 엄청난 차이를 보인다. 더구나 인간은 유전자에 의해 영향을 받는 요인은 30%에 불과하지만 후천적인 요인에 의해 많은 변화가 생긴다. 아이들의 성장은 시대 변화와 사회 환경의 영향을 많이 받는 것이지, 오리를 독수리처럼 키운다고 되는 것은 아니다.

아이들에게는 자기가 하고 싶은 소질과 적성에 맞는 일을 잘할 수 있도록 도와주는 부모의 관심과 애정이 성장에 큰 영향을 미친다. 그러므로 아이들의 잠재능력을 계발하여 자기가 하는 일에 보람을 갖고 행복한 삶을 살아갈 수 있도록 해야 한다. 아이들에게 공부만 강요하는 입시 위주의 교육보다는 미래사회의 변화에 적응하며 살아갈 수 있는 미래지향적인 교육이 필요한 것이다.

모든 생명체의 진화는 돌연변이의 산물이다. 인간의 돌연변이는 태어나면서 유전적인 변화뿐만 아니라 생존하는 동안에도 환경에 의한 돌연변이가 계속 진행되고 있다. 더욱이 인간은 살아가면서 지혜와 경험을 통해 다양하게 변화하면서 돌연변이가 되어간다. 그렇기 때문에 우리들은 부모의 유전 형질을 그대로 이어받아 부모세대와 같이 살아가는 것이 아니라, 시대와 환경의 변화에 따라 행복을 추구하며 살아가는 돌연변이 인간들인 것이다

3

아름다운 자연과 더불어

아름다운 자연 속에서 인간과 더불어 살아가는 모든 생명체는 소중하다.

그러나 인간은 자연을 소유의 대상으로 여기며, 자연을 파괴하고 동식물을 함부로 살생하고 있다.

그러므로 인간다운 삶을 살아갈 수 있도록 자연을 보호하고 살아있는 것들을 사랑해야 한다.

살아있는 것들을 사랑해야지

살아있는 것들은 아름답다. 자연 속에서 자연과 더불어 살아가는 모든 생명체는 아름답다. 우리 인간도 모든 동식물과 함께 공존하며 살아가야 아름답다. 그래서 행복한 삶이란 아름다운 자연과 더불어 사랑하며 사는 것이다.

우리가 자연 속에 살고 있다는 것은 들에 핀 풀꽃처럼, 하늘을 나는 새처럼, 자연스럽게 이 세상에 존재하는 것이다. 그런데 인간은 어릴 때부터 자연과 함께 살아가는 방법을 제대로 배우지 못하고 있다. 물질문명에 길든 인간은 자연을 소유의 대상으로 여기며, 자연을 파괴하고 동식물을 함부로 살생하고 있다. 그러면서 하나 뿐인 지구를 마치 인간만의 것인 양 지배하고 있다.

이러한 일은 아이들도 마찬가지이다. 며칠 전에 아이들이 놀이터에서 개미를 가지고 놀고 있었다. 아이들이 개미에게 싸움을 시키면서 개미 다리가 떨어져 나갔다. 그런데 그들이 놀다 떠나면서 부상당한 개미뿐만 아니라 개미집을 짓밟아 많은 개미들을 죽여버렸다. 마치 사이버 공간에서 게임을 하듯 개미를 없애버린 것이다.

요즘 아이들은 사이버 게임하듯 살아있는 것들을 아무렇지도 않게 죽이거나 파괴한다. 사이버 공간에서는 개미를 죽였다가 살릴 수도 있지만 현실은 그렇지가 않다. 사이버 게임에 익숙한 아이들은 살아있는 생명체와 가상현실에서의 아이템을 혼동하는 듯하다. 이처럼 가상현실에서 죽이는 데 익숙하다 보니 살인이나 자살을 쉽게 생각하는 생명경시 풍조가 만연하고 있다.

이러한 일 중에는 지방자치단체에서 하는 축제도 문제이다. 어떤 행사에서는 열매나 식물을 마구잡이로 채취하고, 산천어나 짱뚱어를 많은 사람들이 동시에 잡는 대회를 한다. 이와 같이 자연물을 착취하고 살생을 자행하는 흥미 위주의 행사는 오히려 자라나는 아이들에게 잘못된 체험학습을 가르치고 있는 셈이다. 이보다는 아이들에게 직접 동식물을 기르고 가꾸게 함으로써 동식물을 사랑하는 마음이 생기도록 해야 한다.

우리들이 어릴 때는 집집마다 소나 돼지를 기르고, 텃밭에서 채소를 가꾸었다. 학교에서는 학급마다 닭이나 토끼를 길러 날마다 동식물이 성장하는 과정을 관찰하는 자연학습을 하였다. 이와 같이 동식물의 생태를 파악하고 자연과 더불어 살아가면서 살아있는 것들을 사랑하는 마음을 길렀다.

동식물을 기르고 가꾸는 일은 자연과 더불어 살아가는 인간교육이다. 동식물을 기르고 가꾸기 위해서는 관심과 애정이 있어야 하며 근면하고 성실해야 한다. 그리고 그들을 보살피는 과정에서 관찰력과 창의성이 길러진다. 이것이 바로 전인교육이다.

또한 동식물을 기르고 가꾸는 것은 살아있는 생명체를 사랑하는 마음이 있어야 한다. 동물을 기르고 식물을 가꾸는 마음은 소유하는 마음이 아니라 또 하나의 생명체를 돌보는 일이다. 우리가 동물을 길러 새끼를 낳게 하고, 식물을 가꾸어 열매를 맺게 하는 것은 자연 생태계를 보전하는 길이다.

그런데 요즘 학생들은 교실에서 성적 위주의 공부만 열심히 하고 있다. 그렇기 때문에 살아있는 것들을 사랑하며 행복하게 살아가는 방법을 배우지 못하고 있다. 더구나 물질만능 사회에서 남보다 더 많이 가져야 행복할 거라고 생각한다. 그래서 나만 잘 살면 된다는 이기적인 인간이 되어가고 있다.

그러므로 인간다운 삶을 살아갈 수 있도록 자연을 사랑하고 생명을 존중하는 지혜를 깨우쳐주어야 한다. 그래야만 이기적인 욕심을 버리고 자신의 삶에 만족하며 남과 더불어 행복하게 살아갈 수 있는 것이다. 그리하여 우리 모두가 아름다운 자연 속에 살면서 사람들 마음마다 사랑이 깃든 행복한 세상이 된다면 얼마나 좋을까.

에세이집 『살아있는 것들을 사랑해야지』(2018) 표제작

피지 않는 꽃

내 몸에 열꽃이 피던 날, 아끼던 꽃나무가 잎이 노랗게 시들어버렸다. 공기 좋고 물 맑은 곳에 살던 녀석을 이곳으로 데려왔더니 이파리가 변색되고 뿌리가 썩어 들어갔다. 정성을 다해 보살펴도 병이 들었는지 생기가 없어 보였다.

나 역시 이 도시에 온 이후로 알레르기 질환으로 고생이 많았다. 도시 주변에는 국가산업단지로 공장으로 둘러싸여 있고, 가까이는 제철소가 있으며 멀리 화력발전소가 있어 공해와 오염이 심했다. 아마 이러한 환경 때문인지 자주 열이 나고 두드러기가 돋아났다.

이렇게 사람이 살기 어려운 환경인데, 하물며 연약한 식물이야 제대로 자라겠는가? 매년 꽃을 피우던 녀석이 꽃이 필 시기인데도 꽃을 피우지 않았다. 꽃이 피지 않으니 벌과 나비도 보이지 않고 새소리도 들리지 않았다.

꽃이 피고 지는 것은 자연의 섭리이며 생명의 순환이다. 꽃은 결코 저절로 피지 않는다. 식물은 꽃을 피우기 위해 숱한 인고의 시간과 치열한 생존경쟁을 겪어야 한다. 꽃은 계절에 따라 피고 지지만 환경이 나빠지거나 스트레스를 받으면 꽃을 피우지 않는다.

식물이 꽃을 피우는 것은 씨앗을 남겨 종족을 번식하기 위한 것이다. 그러므로 꽃은 식물의 생식기이다. 꽃은 번식을 위해 아름다운 모양과 향기로 곤충이나 새를 유혹하고 바람의 영향으로 꽃가루받이를 하여 열매를 맺는다.

꽃이 아름답게 느껴지는 것은 열매를 맺기 때문이다. 인류가 출현하여 수렵 채취를 하던 시대부터 열매는 인간의 생존에 필요한 식량이 되었다. 그래서 꽃이 피면 열매를 맺게 되고, 열매는 인간이 먹고 살 수 있는 식량이 되었기 때문에 꽃은 인간에게 선험적으로 아름답게 인식되었다.

하여, 꽃은 지구에서 가장 아름다운 것 중의 하나가 되었다. 꽃의 여신 '플로라'가 최초로 만든 코스모스를 비롯하여 마지막의 국화에 이르기까지 꽃은 지상에서 가장 아름다운 것으로 많은 사람들의 사랑을 받고 있다. 그래서 사람들은 꽃을 가꾸면서 아름다운 삶을 추구한다. 나도 꽃 가꾸기를 좋아하여 수십 년 동안 화초를 취미 삼아 가꾸고 있다. 그러면서 꽃도 마음이 있을 거라고 믿고 그들과 이심전심으로 대화를 나누기도 한다.

또한 나는, 푸른 숲이 우거지고 꽃이 피는 자연 속에서 인간과 더불어 모든 동식물이 평화롭게 공존하며 살아가기를 바라고 있다. 그러나 인간은 자연을 물욕의 대상으로 여기며 무분별하게 자연 생태계를 파괴하고 지구환경을 오염시키고 있다. 자연 생태계는 한 번 파괴되면 복원하기도 어려울 뿐만 아니라 반드시 재앙이 뒤따르게 마련이다.

지구는 46억 년 전에 생성되어 최초의 생명체인 '시아노 박테리아'가 탄생하여 진화하는 동안 다섯 번이나 멸종 위기를 맞았다. 이로 인해 지구에 존재했던 생물의 99%가 멸종했다. 다행히 멸종되지 않은 생명체가 진화하여 1억 3천만 년 전에 최초의 꽃 '암보렐라 트리코포다'가 꽃을 피웠다. 그 꽃이 진화하여 열매를 맺음으로써 동식물들이 번성하여 지금의 지구를 형성하게 되었다.

그런데 5백만 년 전에 출현한 원시 인류가 진화하여 5만 전에 현생 인류인 '호모 사피엔스 사피엔스'가 지구를 제멋대로 지배하고 있다. 인류가 기원전 5천 년부터 지금까지 출생한 인구수는 약 1082억 명으로 추정하고 있다. 이러한 인류가 수많은 동식물들이 살고 있는 지구 생태계를 파괴하고 있다. 고등생물 종의 평균수명은 4백만 년에 불과하다. 그러므로 '호모 사피엔스' 한 종뿐인 현생 인류가 수많은 동식물이 살고 있는 지구에서 영원히 존재할 것처럼 군림해서는 안 된다.

더구나 2050년이면 세계 인구가 1백억 명에 이르고, 기하급수적인 인구 증가로 지구환경이 급격히 파괴되어 인류가 위험에 직면할 것이라고 한다. 지금까지 지구의 멸종은 자연재해에 의한 것이었지만 앞으로의 멸종은 인간의 책임이라고 한다. 만약 인간이 지구에서 무분별하게 자연 생태계를 파괴하고 환경을 오염시켜 꽃이 피지 않고 씨앗을 맺지 못하게 된다면 동식물뿐만 아니라 인간도 생존할 수 없을 것이다.

인간의 멸종은 지구뿐만 아니라 우주도 공멸하게 될지도 모른다. 우주에는 10^{23}개의 별이 있기 때문에 지구환경과 유사한 수많은 행성뿐만 아니라 떠돌이별에도 생명체가 존재하리라 추측하고 있다. 그렇지만 오직 지구에만 생명체가 존재한다면 지구의 멸망은 곧 우주 전체가 생명이 없는 공허한 시·공간으로 남게 될 것이다.

그래서 유엔을 비롯하여 세계 각국에서는 지구를 살리기 위해 온갖 노력을 다하고 있다. 왜냐하면 지구는 인간만의 것이 아닌 모든 동식물이 살아가야 할 터전이기 때문이다. 그러므로 인간은 자기들의 욕심을 채우기 위해 지구환경을 오염시키고 생태계를 파괴해서는 안 된다.

그중의 하나가 지구 온난화를 예방하고 생태계를 복원하기 위해 '푸른 숲 가꾸기'를 하고 있다. 공해로 오염된 도시를 정화하여 아름답고 깨끗한 환경을 만들기 위해 녹색운동을 전개하고 있다. 그리하여 다 같이 살기 좋은 지구를 만들어 아름다운 자연과 더불어 행복하게 살며, 인류가 영원히 생존할 수 있도록 하기 위한 것이다.

그래서 나는 수년 전부터 환경보전에 관심을 갖고 '학교숲 가꾸기'를 실천해왔다. 4개 중고등학교에서 교장과 교감을 하면서 학생들과 함께 나무를 심고 화초를 가꾸며 학교환경을 아름답게 조성했다. 그 결과 '아름다운 학교숲 가꾸기' 우수상과 '수기 공모전'에서 금상을 수상했다.

그러나 내가 살고 있는 이 도시는 환경을 개선하려는 노력이 미흡한 듯하다. 왜냐하면 이 지역은 해가 갈수록 공해와 오염이 심해지고 자연환경이 나빠져 지금까지 이주하지 않고 살던 사람들마저 떠나가고 있기 때문이다.

나 역시 한밤중에 공장에서 몰래 내뿜는 시커먼 연기와 독한 냄새가 밤하늘을 뒤덮을 때면, 열꽃처럼 피어나는 두드러기 때문에 온몸이 가려워 잠을 잘 수가 없었다. 더구나 내가 키우던 식물도 물과 공기가 오염되었는지 꽃이 피는 계절인데도 꽃은 피지 않고 죽어버리고 말았다.

국가산업단지 내에 위치하고 있는 학교는 제철소와 화력발전소가 인근에 있고 많은 공장들이 밀집해 있어, 공해와 오염

피해가 심각하여 학생들이 학교생활을 정상적으로 할 수가 없었다. 게다가 바닷모래로 지은 오래되고 낡은 본관 건물의 일부가 붕괴되어 위태롭기 때문에 더 이상 학교를 유지할 수가 없었었다. 교장인 나는 학부모와 지역민의 의견을 수렴하여 교육환경이 좋은 인근 학교와 통폐합을 힘겹게 추진했다.

결국 우리들은 인간에 의해 파괴된 자연환경에서 더 이상 살 수가 없었다. 어쩔 수 없이 학교를 폐교시키고, 선생님과 학생들은 이듬해 꽃이 피기 전에 공해가 적고 오염이 덜 된 자연환경이 좋은 곳으로 모두 떠나갔다.

붉은 소나무

새 아파트로 이사를 갔더니 천연기념물처럼 잘생긴 소나무가 먼저 이사를 와 있었다. 그 소나무는 가지가 많이 퍼진 '300년 된 반송으로 임실군 삼계면 덕계리 무명지에서 옮겨 온 다박솔'이라고 안내 표지까지 있었다. 그런데 주민들은 이 소나무를 '오억이'라고 불렀다. 5억 원을 들여 소나무를 아파트에 옮겨 심었다고 해서 붙여진 이름이다.

올봄에 이사 온 아파트는 소나무숲으로 조경을 했는데, 그 중에서 오억이는 단연 돋보이는 존재였다. 낙엽이 지고 아직 새싹이 돋아나지 않은 이른 봄에 30층이나 되는 11개 동의 아파트 빌딩숲에서 푸르름을 잃지 않고 의연히 서 있는 낙락장송이 마치 군자처럼 늠름해 보였다.

소나무는 사군자가 아니지만 군자의 기품을 지녔다고 하여 한국 사람들이 가장 좋아하는 나무이다. 추사 김정희가 그린 국보 제180호의 '세한도'에는 "날씨가 추워진 후에 소나무와 잣나무가 나중에 시듦을 안다(歲寒然後知松柏之後彫也)"고 하여 지조와 절개를 목숨보다 더 소중히 여긴 충신을 낙락장송으로 비유하기도 했다.

소나무는 십장생 중의 하나이다. 소나무 노거수 중에는 천연기념물이 많이 있으며, 충북 보은의 '정2품송'과 경북 예천의 '적송령'은 수령이 600년이나 된다. 미국 캘리포니아주 화이트산에는 수령이 4600년으로 추정되는 '브리슬콘 소나무'가 있는데, 지구에서 가장 오래 사는 생물로 알려졌다.

이처럼 소나무가 오래 살기 때문에 우리 조상들은 아기가 태어나면 장수를 기원하며 금줄에 솔가지를 끼우고, 혼례식 때 생솔가지를 올려놓고, 사람이 죽으면 영생하도록 송판으로 널을 만들었으며 묘지 주변에는 도래솔을 심었다. 이와 같이 우리 민족은 태어나면서부터 죽을 때까지 소나무와 희비애환을 함께 하며 살았다.

그 까닭은 우리나라 산에 자생하는 나무의 절반 가량이 소나무이며, 소나무는 목재나 땔감으로 쓰이고, 송진, 송기, 백복령, 송이버섯이 나고, 송편, 송화다식, 송화주, 솔잎차를 만들므로 우리 생활과 밀접한 관련을 맺고 있기 때문이다. 그렇기 때문에 한민족의 원형질 속에는 소나무와 더불어 살아가야 하는 숙명이 잠재되어 있는지도 모른다.

그래서 콘크리트 건물로 에워싸인 아파트 단지에 소나무숲을 조성하여 정서적인 안정을 찾기 위해 오억이를 먼 곳에서 데려왔을 것이다. 그런데 봄이 가고 여름이 되면서 푸르던 소나무가 붉은 소나무로 변해갔다. 더구나 가뭄으로 나무가 메말라가면서 피골이 상접한 늙은이처럼 죽어갔다.

학마을에 솔숲이 울창하게 우거지면 광주천에서 백로가 날아들 것이다. 그러면 달 밝은 밤이나 별이 빛나는 밤에 솔잎차를 마시며 밤을 지새우면서 명작을 쓰리라고 생각했다. 그런데 오억이가 죽으면 그 꿈도 사라질지도 모를 일이다.

우리가 자연 속에 살고 있다는 것은 들에 핀 풀꽃처럼 하늘을 나는 새처럼 자연스럽게 존재하는 것이다. 그러므로 자연은 자연 그대로 두고 보는 것이 아름답다. 그런데도 인간은 자연을 물욕의 대상으로 여겨 무분별하게 자연 생태계를 파괴하고 있다. 수형이 아름다운 오억이도 300년 동안 살았던 그곳에서 몇 백 년을 더 산다면 천연기념물이 될 수도 있을 것이다. 그런데 인간의 욕심 때문에 낯선 도시에서 죽게 되어서 안타깝기 그지없다.

크낙새를 찾아서

녹음이 우거진 숲속에서 딱따구리 한 마리가 나무를 쪼고 있다. 어린 시절에 자주 보았던 딱따구리를 참으로 오랜만에 보는 것 같다. 우리가 어릴 때는 민둥산이 많아 숲이 우거지지 않았지만 새들은 많았다. 새들은 농약을 치지 않아 오염되지 않은 자연에서 곤충을 잡아먹으며 새끼를 키우고, 하늘을 날아다녔다. 그러나 지금은 자연환경이 오염되고 생태계가 파괴되면서 새들이 사라져가고 있다.

지난해 남북한 정상회담을 앞두고 북한 황해도에 20여 마리 살고 있는 크낙새를 들여와야 한다는 신문기사가 있었다. 크낙새는 천연기념물 제197호로 세계적으로 유일하게 한반도에만 서식하는 고유종으로 '멸종위기 1급 생물'이다.

1962년에 광릉 숲 전체를 크낙새 서식지인 천연기념물 제11호로 지정했지만 1993년에 한 쌍이 목격된 이후 지금까지 발견되지 않고 있다. 작년에 광릉 국립수목원에 갔을 때에도 혹시 크낙새가 있는지 찾아보았으나 보이지 않았다.

크낙새는 46㎝쯤 되는 몸길이에 배 부분에 하얀 깃털을 제외하곤 온몸이 검은색으로 수컷은 머리 위에 붉은 깃털이 선명하게 나 있다. 북한에서는 '클락 클락' 소리를 낸다고 해서 '클락새'라고 부르며, 새의 크기와 모양, 울음소리가 천연기념물 제242호인 까막딱따구리와 비슷하게 생겼다.

딱따구리 종류 중에서도 큰 새인 크낙새는 100년 이상 된 큰 고목나무에 암수가 구멍을 뚫고 알을 낳아 새끼를 기른다. 딱따구리 종류는 개미나 애벌레 등 곤충을 잡아먹고 살지만 크낙새는 천연기념물 제218호인 '장수하늘소 굼벵이'를 먹고 산다. 누에가 뽕잎을 먹어야 살 수 있듯이, 광릉 숲에 살던 크낙새는 멸종위기종인 장수하늘소를 먹지 못해 멸종되었는지 알 수 없다.

딱정벌레 중에서 가장 큰 장수하늘소는 한반도와 중국 동북부 지역에만 서식하며, 광릉 숲에 2008년까지 살았으나 그 후 멸종되었다. 2014년에 중국에서 수컷 1마리와 암컷 2마리를 수입하여 교미를 통해 알에서 성충까지 번식하는데 성공했다. 장수하늘소가 번식하여 광릉 숲에 많이 살게 된다면 사라져버린 크낙새가 다시 돌아올지도 모른다.

앞으로 남북 협력이 시작되면 휴전선 비무장지대에 공동연구를 추진할 계획이라고 한다. 그러면 남한에서 멸종된 것으로 알려진 크낙새와 장수하늘소가 발견될지도 모른다. 군사분계선 248㎞ 비무장지대는 민간인이 드나들 수 없기 때문에 많은 동식물들이 인간의 간섭을 받지 않고 자연 상태로 살아가는 생태계의 보고이다.

내가 휴전선에서 군대생활을 할 때도 가끔 미확인 지뢰밭에서 큰 짐승들이 지뢰를 밟아 죽기도 했다. 그러나 새들은 남·북한을 마음대로 날아다녔다. 여름철새가 날아가고, 겨울이면 시베리아에서 두루미나 독수리 같은 큰 새들이 날아왔다.

동물 천연기념물 중에는 조류가 47종으로 가장 많은데, 조류 중에서도 황새, 독수리, 두루미 같은 덩치가 큰 새들이 대부분이다. 공룡에서 진화한 큰 새들은 자연환경에 적응하지 못하여 멸종위기에 처한 경우가 많다. 이러한 새들은 번식을 위해 수만 리를 날아가며, 알을 적게 낳고, 수년 동안 새끼를 키우기 때문에 개체수가 늘어나지 않는다.

그런데 짝짓기를 하기 위해 수컷이 암컷을 유혹할 때, 성대가 발달한 꾀꼬리나 휘파람새는 고운 소리로 수컷이 노래하지만, 황새나 두루미는 성대가 없어 부리를 부딪쳐 소리를 낸다. 소리가 아름답지 못하기 때문에 수컷은 춤을 추어 암컷을 유혹하며, 수컷이 마음에 들면 암컷이 화답하여 함께 춤을 춘다.

새들이 노래하고 춤추는 아름다운 자연은 인간에게도 살기 좋은 환경이다. 신들이 다닌다는 하늘길을 날아다니는 새들이 사라지면 자연 생태계도 파괴되어 모든 동식물들이 살아갈 수 없게 될 것이다. 새들은 꽃가루받이를 도와주어 열매를 맺게 하고, 열매의 씨앗을 퍼뜨리며, 해충을 잡아먹는 등 자연 생태계를 지키는 신과 같은 존재이다.

이러한 새들이 사라지지 않도록 다 같이 자연을 잘 가꾸고 보전해야겠다. 그리하여 남과 북이 서로 협력하여 황해도에 살고 있는 크낙새를 광릉 숲에서 다시 찾을 수 있다면 얼마나 좋을까. 크낙새가 광릉 숲에서 노래하는 그날엔 한반도의 통일이 이루어지리라.

노르웨이숲에 뜨는 무지개

북유럽 여행 중에 노르웨이숲에서 무지개를 보았다. 5월 중순인데도 먼 산에는 빙하처럼 눈이 쌓여 있고, 숲속의 나무들은 이제 막 싹을 틔우고 있었다. 그런데 산길을 달리던 버스 차창에 갑자기 소나기가 퍼붓더니 하늘에 쌍무지개가 떠올랐다. 차 안에서 꾸벅꾸벅 졸던 우리 일행들은 환호성을 지르며 아름다운 무지개에 넋을 잃고 말았다.

얼마나 오랜만에 보는 무지개인가! 영국의 계관시인 워즈워드는 "하늘의 무지개를 보면 내 가슴은 뛰노라/ 내가 어릴 때도 그랬듯이, 어른이 된 지금도 그러하네!"라고 노래했다. 그런데 어린 시절 고향의 맑은 하늘에서 보았던 무지개를 여기서 다시 보다니! 선명하게 떠오른 커다란 쌍무지개를 바라보면서 자연환경이 아름다운 노르웨이가 부럽기만 했다.

무지개는 공중에 떠있는 물방울이 햇빛을 받아 태양의 반대

방향에서 반원형으로 일곱 빛깔을 나타내는 자연현상이다. 그러나 무지개는 공해가 심하고 미세먼지로 오염된 하늘에서는 생기지 않는다. 미세먼지로 가득 찬 한국의 도시에서는 좀처럼 무지개를 볼 수가 없었다. 그런데 자연이 오염되지 않은 노르웨이의 자작나무숲에 쌍무지개가 떠오르니 한 폭의 아름다운 그림 같았다.

공해가 없던 어린 시절에는 동구 밖 소나무숲에 무지개가 자주 떠올랐다. 6·25전쟁이 끝난 뒤라서 비록 헐벗고 굶주리며 살았지만 오염되지 않은 맑은 공기와 깨끗한 물을 마시고 살았다. 그런데 경제개발로 국민소득은 향상된 반면에 공장에서 나오는 오염물질과 자동차에서 뿜어내는 매연으로 1급 발암물질인 미세먼지가 건강에 심각한 위협이 되고 있다.

북유럽 국가들은 경제개발을 위해 자연을 훼손하지 않고, 자연을 사랑하고 잘 가꾸어 쾌적한 환경에서 건강하게 살아가고 있다. 그들은 스칸디나비아반도의 혹독한 추위와 척박한 토양에서 처참하게 살아가는 동안 자연환경의 소중함을 깨달았으리라. 그리하여 열악한 환경을 극복하고 국민소득이 가장 많은 노르웨이와 행복지수가 가장 높은 덴마크를 비롯하여 스웨덴, 핀란드는 세계에서 가장 살기 좋은 복지국가를 만들었다.

그 나라의 기후와 풍토에 적응하며 살아가는 것은 사람뿐만 아니라 나무도 마찬가지이다. 북유럽에는 하늘을 향해 쭉쭉

뻗은 자작나무가 끝없이 펼쳐져 있다. 자작나무는 영하 20~30도의 추위를 겹겹이 쌓인 하얀 껍질로 견뎌낸다. 자작나무가 북유럽 바이킹들과 더불어 살아온 나무라면, 한국의 산에 많이 있는 소나무는 한민족과 역사를 함께하며 살아왔다.

어릴 때 무지개가 떠올랐던 소나무숲에는 일본 침략자들이 송진을 채취했던 흔적과 6·25전쟁 때 총탄을 맞은 소나무들이 서 있었다. 그 솔숲에 무지개가 떠오를 때면 잘 살아보겠다는 희망을 갖고 전쟁으로 폐허가 된 나라를 재건했다. 6·25전쟁 후 대한민국은 세계 최빈국이었다. 가난을 벗어나기 위해 경제개발에 치우친 나머지 무분별하게 자연환경을 파괴하여 이제는 공해와 오염에 시달리는 나라가 되어버렸다. 경제적으로 잘살려고만 했지, 자연을 보존하고 가꾸는 일에 소홀했던 것이다.

러시아를 거쳐 북유럽을 여행하면서 노르웨이숲에서 보았던 아름다운 무지개를 고향의 송림에서 다시 보고 싶다. 그 솔숲에는 일제시대 때 송진을 채취하기 위해 생채기가 난 소나무와 6·25전쟁 때 총탄이 박힌 소나무들이 지금도 울창하게 자라고 있을 것이다. 그 소나무숲 위로 또다시 일곱 빛깔의 찬란한 무지개가 떠오르는 아름다운 모습을 보고 싶다.

살아있는 것들의 아름다움

내가 아끼던 꽃나무가 죽었다. 매일같이 보살피고 정성을 다해 가꾸던 꽃나무였다. 그런데 원인을 알 수 없는 병에 걸려 시름시름 잎이 떨어지더니 가지마저 말라 죽고 말았다. 꽃나무도 살아있을 때는 아름답지만 죽으니 추하다. 더구나 한 생명체가 죽는다는 것은 이 세상에 존재 의미가 사라지는 것이다.

나는 꽃을 좋아하여 오래전부터 꽃나무를 가꾸어왔다. 꽃의 여신 플로라가 최초로 만든 코스모스를 비롯하여 마지막의 국화에 이르기까지 다양한 꽃을 가꿔보고 싶었다. 그래서 지금도 여러 종류의 화초를 취미 삼아 가꾸고 있다. 꽃을 가까이 하다 보니 꽃들도 마음이 있을 거라고 믿고 그들과 이심전심으로 대화를 나누기도 한다.

사람들은 다양한 취미생활을 하며 여가를 즐긴다. 그러나 다양한 취미생활 중에는 자연을 훼손하고 남에게 피해를 주는 일도 있다. 자연을 사랑하는 인디언은 취미로 사냥이나 낚시를 하지 않는다. 그들은 즐기기 위해 살생을 하는 것은 죄악이라고 한다.

꽃을 가꾸는 것은 삶을 아름답고 윤택하게 하는 일이다. 또한 꽃을 가꾸는 마음은 소유하는 마음이 아니라 또 하나의 생명체를 돌보는 일이다. 우리가 아이들을 사랑과 정성으로 길러 사회에 내보내듯이, 꽃을 가꾸는 일은 정성을 다해 꽃을 피워 다른 이들과 함께 아름다운 정서를 나눠 가지는 것이다.

그래서 매년 봄이 되면, 꽃나무를 번식시켜 친지나 이웃들에게 나누어준다. 그럴 때마다 꽃나무를 받고 좋아하는 모습을 보면, 내 마음이 행복해지고 내 삶도 풍요로워진다. 꽃을 가꾸면서 작은 것일지라도 나눔과 베풂의 미덕을 실천할 수 있다면, 이 또한 아름다운 삶이 아니겠는가?

아름다운 삶이란 자연과 더불어 사는 것이다. 우리가 자연 속에 살고 있다는 것은 들에 핀 풀꽃처럼, 하늘을 나는 새처럼, 자연스럽게 이 세상에 존재하는 것이다. 그래서 사람들은 초록빛 들녘의 아름다운 풍경을 좋아하고, 숲속의 싱그러운 향기를 그리워한다. 또한 자연에서 들리는 새소리, 풀벌레소리, 시냇물소리는 우리의 영혼을 깨우는 아름다운 소리들이다.

어릴 때 나는 포플러 잎새들이 시냇물 소리에 따라 춤을 춘다고 생각했다. 시냇가 가장자리에 숲을 이룬 포플러나무 이파리가 눈부신 햇살을 받아 반짝거리는 모습이 마치 이파리들이 춤을 추는 듯이 보였다. 그럴 때면 벌과 나비도 풀꽃 위로 날아와 춤을 추었다.

자연 속에 사는 동식물은 그들만의 아름다운 세상이 있다. 과학자 중에는 식물도 정신세계를 가지고 있으며 그들 나름대로 의사소통을 한다고 한다. 식물도 아름다운 음악을 좋아하고 스트레스를 받기도 하며 싫어하는 식물에게 타감작용을 한다. 그리고 식물도 조건이 나빠지면 신경쇠약이나 병적인 반응을 보여 꽃을 피우지 않거나 열매를 맺지 않는다.

그런데 인간은 자기들의 사고방식으로 동식물의 생태를 파악하기 때문에 그들이 살아가는 세계를 이해하지 못한다. 그러나 자연과 더불어 사는 동식물은 자연의 질서에 따르고 자연과 조화를 이루며 자연 속에서 혼신의 힘을 다해 살아간다. 그러나 인간은 자연을 파괴하고 동식물을 함부로 살생하고 있다.

원래 인간은 자연의 일부분으로 자연에서 태어나 자연으로 돌아간다. 그래서 옛 선비들은 초야에 묻혀 풍류를 즐기며 무위자연의 삶을 살았다. 그렇기 때문에 우리 조상들은 자연을 소중히 여기고 하찮은 미물일지라도 살생을 함부로 하지 않았다.

길을 걸어갈 때도 작은 벌레들이 발에 밟혀 죽지 않도록 짚신을 신고 다녔으며, 지팡이로 땅을 두드려 미리 피하도록 알려주었다. 씨앗을 심을 때도 반드시 세 알을 심어 하나는 사람이 먹고, 다른 하나는 새나 벌레가 먹고, 나머지 하나는 자연(썩음)과 나눠 가졌다. 이렇듯 우리 조상들은 자연과 더불어 살면서 자연을 사랑하고 자연과 조화를 이루며 살아가는 지혜가 있었던 것이다.

그뿐만 아니라 인간은 자연의 섭리를 통해서 인생의 교훈을 얻기도 한다. 자연 속에 존재하는 풀잎 하나, 한 마리의 벌레가 도서실에 있는 책보다 훨씬 많은 의미를 가지고 있다. 이처럼 자연은 말없는 스승과 같다. 자연은 그 자체가 속임이 없고 꾸밈이 없는 선이며 오묘한 예술이다. 그러기에 동서고금의 성현들은 자연을 통해서 인생의 의미를 깨달았던 것이다.

그런데도 인간은 자연을 지배하려고 하며, 자연을 물욕의 대상으로 여겨 무분별하게 파괴하고 있다. 이로 인해 자연 생태계가 파괴되어 수많은 동식물이 죽어가며, 인간도 공해와 오염에 시달리고 있다. 자연은 한번 파괴되면 다시 복원하기 어려울 뿐만 아니라 반드시 재앙이 뒤따른다.

이 세상에 생명체를 가진 모든 동식물은 태어나서 결국 죽게 마련이다. 그렇지만 생태계의 파괴로 동식물이 제대로 살지 못하고 죽는다는 것은 안타까운 일이다. 인간뿐만 아니라 이 세상에 존재하는 모든 생명체는 가치 있고 소중한 것이다. 살아있는 생명체가 소중한 까닭은 생명은 유한하며, 모든 생명체는 그들 나름대로 존재 의미가 있기 때문이다. 그러므로 살아있는 것들이 가치 있고 소중한 존재 의미를 지닐 때, 이 세상은 더욱 아름다워지는 것이다.

그렇지만 우리가 아름다운 삶을 살아가는 것은 결코 저절로 주어진 것이 아니다. 그 속엔 자연을 가꾸고 남을 위해 헌신 봉사하는 사람들의 사랑이 있기 때문이다. 파란 하늘과 맑은 공기, 깨끗한 물, 우거진 숲과 지저귀는 새, 예쁜 꽃이 피어 있는 아름다운 자연과 더불어 사람들 마음마다 사랑이 깃들어 있다면, 이 세상은 더욱 아름다워질 것이다.

『광주문협』 제1회 올해의 작품상(2008년)
산문집 『살아있는 것들의 아름다움』(2011) 표제작

잃어버린 쌍사자 석등

고향에 있었던 쌍사자 석등을 보려고 국립광주박물관을 찾아갔다. 석등은 박물관 중앙홀에 아무 말 없이 서 있었다. 대웅전 앞뜰에서 불을 밝히고 불심으로 국난을 극복했던 옛 모습은 찾아볼 수 없고, 박물관의 찬란한 불빛 속에 아름다운 자태를 뽐내고 있었다.

국보 제103호인 중흥산성 쌍사자 석등은 9세기 통일신라시대 때 만들어진 것으로 보물 제112호인 삼층 석탑과 함께 전남 광양시 옥룡면 중흥산성 안의 옛 절터에 있었다. 쌍사자 석등은 두 마리의 사자가 가슴을 맞댄 채 발돋움하고 서서, 등을 받치고 있는 모양은 보는 사람이면 누구나 감탄할 만한 아름다운 석조물이다.

그런데 일제강점기였던 1930년에 옥룡보통학교 후원회에서 학교 기금을 마련하기 위해 석등을 땅 주인과 상의도 없이 부산의 골동품상에게 팔기로 했다. 석등이 국보급 문화재라는 가치를 몰랐던 옥룡보통학교 후원회에서는 석등이 예상가보다 훨씬 많은 데다, 광양군청과 상의하던 중 이 일이 위법이라는 사실을 알고 매각하지 않기로 했다.

그러나 석등이 뛰어난 예술품이라는 것을 알게 된 대구의 일본인 골동품 수집가는 부산의 골동품상과 모의하여 석등을 분해하여 옥룡면사무소 앞으로 옮기다 주민에게 발각되어 석등 반출은 미수에 그치고 말았다. 천년 동안 중흥산성에서 불심으로 백성의 안녕을 지켜왔던 석등이 일본인에 의해 끌려나오게 된 것이다.

그 당시 중흥산성 아랫마을에 살았던 돌아가신 아버지는 석등이 팔려나가기 전날 밤에 석등이 울었다는 소문을 들었다고 한다. 국운의 흥망성쇠에 따라 석등의 불이 밝게 빛나거나 석등이 우는 영험이 있다고 전해져왔다. 일제 침략자들에게 나라를 빼앗긴 해에도, 임진왜란과 병자호란이 일어나던 해에도 석등이 울었다고 한다.

외침과 민란이 많았던 내우외환의 역사 속에서 고단한 삶을 살았던 민초들은 그들의 안녕을 기원하며 석등에 불을 밝혔으리라. 더욱이 가파른 산에 산성을 쌓고 전란이 일어날 때마다 산성으로 피난 온 백성들은 석등에 불을 밝히고 무사하기만을 간절히 빌었을 것이다.

그런데 호국수호의 석등을 일본인들이 몰래 가져갔다는 소문이 떠돌자 민심은 들끓기 시작했다. 일제 식민지 치하에서 갖은 수탈과 핍박을 받고 살던 백성들은 왜놈들이 문화재까지 훔쳐가는 횡포에 더 이상 참을 수가 없었다. 그래서 분개한 젊은이들이 봉기했지만 불꽃처럼 꺼지고 말았다. 동학농민혁명 때 탐관오리들의 횡포에 항거하다 피 흘린 할아비처럼 그들도 쓰러지고 말았다.

지역민들의 저항이 심해지자 석등은 옥룡면사무소에 보관하게 되었다. 그 후 조선총독부에서 전라남도 도지사 공관으로 옮겼다가, 이듬해 경복궁 자경전으로 옮겼다. 1945년 광복이 되자 현재 청와대인 경무대로 옮겨졌다가, 1961년 5.16 군사쿠데타가 일어난 뒤 국립박물관이 있는 덕수궁으로 옮겼다. 국립중앙박물관이 1972년 경복궁으로 이사를 가면서 옮겼다가, 다시 1986년 옛 중앙청 건물로 이사를 갈 때 석등도 옮겨졌다. 그러다 1978년 국립광주박물관이 신축 개관된 후에 국보급 문화재가 없는 이곳으로 1990년에 옮겨져 현재 1층 중앙홀에 전시되어 있다.

중흥산성 쌍사자 석등은 1962년 12월 20일에 국보 제103호로 지정되었다. 하지만 이 석등은 1930년 옥룡보통학교 후원회의 문화재에 대한 무지로 인해 일본인에 의해 몰래 반출되었다가 그동안 기구한 사연으로 일곱 번이나 옮겨 다니다

60년 만에 고향 가까운 광주박물관으로 돌아오게 되었다.

쌍사자 석등의 전설이 마치 일제 침략으로 핍박받은 우리 조상들의 수난의 역사 같아서 애처롭다. 더욱이 석등이 신앙의 대상물이 아닌 문화재로 박물관에 전시되고 있는 모습이 안타깝다. 그렇지만 국태민안을 바라는 고향민들은 석등이 밝게 빛나는 그날이 오기를 기다리고 있을 뿐이다.

어두운 세월 저편의 소리

아내의 동창인 성교수의 가야금 연주발표회에 참석했다. 광주문화예술회관 대강당에는 관객들로 만원을 이루고 있었다.

연주가 시작되자 눈부신 조명 아래 꽃노을빛 한복으로 곱게 차려 입은 여인이 다소곳이 가야금을 무릎 위에 얹어놓고 가야금 열두 가락을 손끝으로 퉁기는 모습은 천상의 선녀처럼 아름다웠다.

가야금을 한 줄 한 줄 손끝으로 뜯을 때마다 가슴을 저미듯 울려 퍼지는 오묘한 선율에 도취되어 넋을 잃고 있을 무렵, 갑자기 둔탁한 소리를 내며 가야금 줄 하나가 끊어져버렸다. 갑작스러운 일에 당황한 듯 얼굴이 붉어지더니 이내 능란한 솜씨로 나머지 열한 줄로 쏟아지는 폭포처럼, 뿜어대는 분수처럼 신명나게 휘모리 가락을 토해내고 있었다.

줄 끊어진 가야금 소리를 듣고 있는 순간, 불현듯 어두운 세월 저편 어린 시절 고향의 토담 밑 귀뚜라미 울음소리와 어우러져 들려오던 구슬픈 그 소리가 환청인 양 들려왔다.

무서리가 내리던 이른 겨울. 퇴락한 양반집 행랑채에 빌붙어 살기 위해 낯선 여인이 찾아왔다. 뒷산 부엉이가 우는 밤이면 대숲 속에서 도깨비가 나온다는 아무도 살지 않는 을씨년스런 빈집에 이사를 왔다.

네 살배기 우는 아이의 손을 잡고 서성이는 여인의 얼굴은 파리하게 야위었으며 무명 반물치마의 옷매무새는 초라해 보였다. 해진 솜이불, 닳아진 밥그릇, 케케묵은 가야금이 세간살이 전부인 듯 보잘것없었다. 가야금이 신기한 듯 쳐다보는 개구쟁이 우리들을 물끄러미 바라보는 여인의 입가엔 초승달 같은 미소가 물리었다.

그녀가 이사 온 날 밤부터 예전에 들어보지 못한 구슬픈 가락이 온 동네에 메아리쳤다. 시집 살다 소박맞고 돌아온 들몰댁은 청승맞은 소리라고 노발대발이었으나, 내겐 겨울밤 부엉이 울음소리보다 더 신비롭기만 했다.

뒷산 소나무 숲에서 불어오는 바람이 요란하게 봉창을 두드리던 겨울 저녁, 우리들은 빈집에 문고리를 따고 들어가 신기한 소리를 내는 악기를 만지작거리며 놀았다. 손가락으로 퉁겨보기도 하고 손바닥으로 두드리며 기러기발을 밀고 당기며 장난을 하다 그만 가야금 줄 하나를 끊어버리고 말았다. 벼락 맞은 대추나무처럼 화들짝 놀라 모두 도망쳐 나왔다.

그날 밤은 다듬이 소리, 글 읽는 소리, 어린애 우는 소리만 밤하늘에 메아리칠 뿐 가야금 소리는 들리지 않았다.

그녀는 무당이었다. 그녀에 대해 아는 사람은 아무도 없었으나, 그녀의 굿은 영험이 있다고 먼 동네 아낙네들까지 그녀를 불러갔다. 굿이 있는 날은 속살을 파고드는 추위가 기승을 부리는 삼동일지라도, 그녀는 고개 너머 이웃 마을까지 딸아이와 함께 바라를 이고 갔다.

꽃샘추위에 개울물이 수줍은 듯 얼던 날, 저녁밥 짓는 연기가 오솔길처럼 하늘 높이 피어오르고, 된장찌개 동치미가 밥상에 오르던 저녁밥 때, 부끄러운 듯이 찾아온 여인은 배가 불러 있었다. 누님은 아무 말 없이 밥과 반찬을 넉넉히 담아주었다.

여인은 홀몸이 아니었다. 혼자 사는 여인도 연인이 있었나 보다. 남몰래 달 밝은 밤, 두 연인의 알몸뚱이는 꽃뱀처럼 얽혀 불타고 있었으리라. 그녀는 보리깜부기 같은 시커먼 풍문만 흩날릴 뿐 아무 말이 없었다.

배부른 그녀의 굿은 영험이 없었다. 그녀의 네 살배기 딸아이의 얼굴에는 열꽃이 피기 시작했다. 논배미에선 뜸부기가 울고 밭두렁엔 깨꽃이 하얗게 필 때, 그녀는 병든 아이를 위해 날품팔이하여 얻은 쌀 두 되를 약과 바꿨다.

그믐날 밤엔 딸아이를 위해 혼신의 힘을 다해 푸닥거리를 하며 치성을 드렸다. 그녀는 배부른 몸을 앞치마로 아무리며 병들어 보채는 아이를 다독거리면서 밤새도록 신령님께 빌고 또 빌었다. 동네 아낙네들은 불쌍한 그녀에게 양식을 거둬주었다.

먹구름이 앞산 자락을 뒤덮던 날, 네 살배기 딸아이는 잠자듯 눈을 감아버렸다. 머리카락이 수세미가 된 여인은 죽은 아이를 거적에 싸서 양지바른 산자락, 가루 고운 흙 속에 묻고 하늘이 무너지도록 서럽게 울었다. 풀숲에선 이름 모를 풀벌레도 서럽게 따라 울었다.

꽃노을이 곱게 물든 저녁나절, 그녀는 억새꽃 우거진 강둑을 따라 어디론가 떠나가버렸다. 그 후 그녀의 소식을 아는 사람은 아무도 없었다.

갑자기 소나기 같은 박수 소리에 놀라 눈을 떴다. 나는 연주가 계속되는 동안 가야금 소리에 매혹되어 상상의 늪에 빠져 있었던 것이다. 어두운 기억의 저편에 머물고 있던 한 무녀의 슬픈 삶이 애달픈 가야금 가락과 어우러져 너울너울 춤추고 있었다.

가야금 소리는 내 마음속 깊이 간직된 아름다운 영혼의 소리였다. 그것은 겨레의 정서와 함께 호흡하는 한 맺힌 삶의 맥박이었다. 어느새 내 눈가엔 이슬 같은 물빛이 번지고 내면에 흐르는 슬픔이 카타르시스 되고 있었다.

연주가 끝나자 아쉬운 듯 기립 박수가 계속되고 관객은 자리를 떠날 줄 몰랐다. 가을 달빛에 젖은 계단을 내려오는 동안에도 내 귓가에는 가야금 소리가 들리는 듯 환청에 사로잡혀 있었다.

인생은 가야금 연주와 같은 것, 세상을 사노라면 만남과 헤어짐의 윤회 속에 가야금 줄 끊기 듯 인연 끊기는 것은 어쩔 수 없는 숙명인 것을, 그러나 줄 끊어진 가야금으로 혼신의 힘을 다해 아름다운 소리를 연주하듯 살아가야 하는 것을….

『한국수필』 1994년 등단작

4

살아왔던 날들의 기억

지나간 날들은 그리워진다. 그립다는 것은 아름다운 추억이 남아 있기 때문이다.

세월 속에 잊힌 날들은 어쩔 수 없을지라도 기억되는 일들을 작품화하고 싶었다.

목화꽃 피는 계절

그날도 어머니는 목화밭에 있었다. 학교가 파한 뒤 나는 찢어진 검정 고무신을 끌고 산비탈 목화밭으로 갔다. 우리 집에 가봤자 아무도 없는 빈집에 먹을거리라곤 꽁보리밥밖에 없으니, 어머니가 있는 산자락 목화밭으로 달려갔다.

군데군데 마른버짐이 핀 얼굴에 땀범벅이 된 나를 보더니, 어머니는 말없이 목화 다래를 건네주었다. 며칠 굶은 사람처럼 게걸스럽게 다래를 깨물어 그 속에 보늬를 파먹었다. 다래의 달착지근한 맛이 온몸에 퍼지자 기분이 좋아졌다. 나는 어머니와 함께 팝콘처럼 부풀어진 미영(목화)을 목화꽃 같은 노을이 질 때까지 땄다.

목화는 탐스러운 하얀 꽃이 피는데, 시간이 지남에 따라 분홍색으로 변한다. 꽃이 지고 나면 몽우리가 생기고 초록색을 띤 달걀 모양의 밤톨만한 다래가 맺힌다. 다래는 맛이 달콤하여 먹을거리가 없던 시절에 우리들은 어른들 몰래 다래 서리를 했다. 다래는 너무 작아도 안 되지만 너무 커서 솜처럼 변해버린 것은 먹을 수가 없다. 다래 서리를 할 때면 맛이 좋은 다래를 고르기 위해 목화송이를 잔뜩 따버려 목화밭을 망치기 일쑤였다.

그래서 어른들은 종종 다래를 따 먹으면 목화솜처럼 눈썹이 하얘지거나 눈썹이 빠진 문둥이가 된다고 말했다. 아니면 목화밭에 문둥이가 숨어 있다가 잡아먹는다고도 했다. 몰래 다래 서리를 하다가 큰 구렁이를 만나 기절할 뻔했다는 아이도 있었다. 나는 다래가 먹고 싶을 때는 어머니가 있는 목화밭으로 갔다, 목화밭에 오면 그냥 기분이 좋았다. 어머니의 품처럼 포근한 목화솜이 따뜻하게 느껴져서 그런지도 모른다. 하긴 목화의 꽃말이 '어머니의 사랑'인 것처럼 말이다.

우리 민족은 예로부터 하얀 무명옷을 즐겨 입어 백의민족이라 불렸다. 목화는 고려 공민왕 때(1363년) 문익점(1331~1400)이 원나라에 사신으로 갔다가 귀국하면서 붓 대롱에 목화씨를 숨겨 가지고 왔다. 그 후 목화를 전국적으로 재배하게 되었다. 그런데 일제강점기에는 삼백(三百)이라 하여 쌀, 소금과 더불어 목화 공출이 심했다. 특히 2차 세계대전 때는 군수품 조달을 위해서 일본 제국주의자들이 목화 재배를 장려했다.

내가 어릴 때만 해도 8월 무렵에는 밭두렁이 목화밭으로 가득 찼다. 하얗게 핀 목화꽃이 분홍빛으로 질 무렵이면 백의 민족의 한 서린 역사가 생각난다. 1910년 8월 29일은 경술국치로 나라를 잃었고, 1945년 8월 15일은 광복 투쟁으로 나라를 되찾았다. 하지만 우리 가족은 목화꽃이 피는 8월이 되면, 일제 식민지시대의 참담한 기억을 이야기하곤 한다. 언젠가 시집간 누님이 아버지 제사 때 목화밭의 일화를 이야기해 주었다.

그날도 아버지는 새벽녘에 산비탈 밭으로 갔다. 땔감을 마련하기 위해 말려둔 미영대(목화 줄기)를 가지러 갔다. 그러나 아침 해가 떠올라도 아버지는 돌아오지 않았다. 할 수 없이 가족들은 아침을 굶었다. 누님은 허기진 배를 물로 채우고 학교에 갔다.

그 당시 일제는 공출을 심하게 하여 감춰둔 곡식을 찾아내려고 혈안이 되어 있었다. 우리 민족은 초근목피로 생계를 연명하고 있었다. 더러는 송피나 쑥을 넣은 멀건 죽을 끓여 먹기도 했다.

우리 집은 일제 침략으로 논밭을 빼앗겼다. 식구들이 많아 먹고 살기도 어려운 형편인데, 논밭마저 없으니 살길이 막막했다. 더구나 부모님은 여섯 아이를 낳아 제대로 먹이지도 못하여 네 아이를 하늘나라에 보내고 말았다. 자식이 죽으면 부모의 가슴에 묻는다는데 그 슬픔은 오죽했겠는가? 그래서 자식들이 굶지 않도록 아버지는 온갖 궂은일을 다했다.

아버지는 산비탈 목화밭에 땅굴을 파고 곡식을 숨겨두었다. 그런데 그날 아침은 밤새 함박눈이 내려 산자락에 눈이 수북이 쌓였다. 아버지는 발자국을 남기지 않기 위해 산비탈을 돌아서 살얼음이 언 작은 도랑을 맨발로 건너 미영대로 덮어둔 땅굴에서 곡식을 가져오느라 늦으신 것이다. 우리 가족은 일제의 잔혹한 현실을 견뎌내고 마침내 광복을 맞이했다.

지금은 8월이 되어도 목화밭이 없어 목화꽃을 볼 수가 없다. 목화꽃이 없으니 달콤한 다래도 먹을 수 없고, 부드러운 목화솜도 만질 수 없어 아쉽다. 하지만 목화꽃이 없어도 지금은 일제강점기처럼 고통스러운 일들이 없으니 행복한 세상이다. 더욱이 해방이 된 이후에 형님과 내가 태어나고, 여동생까지 있어 우리 5남매는 지금까지 건강하고 행복하게 살아가고 있다.

그러나 지금은 아버지·어머니도 세상을 떠난 지 오래다. 누님도 이제 아흔의 나이를 바라보고 있다. 그렇지만 일제가 남긴 우리 가족의 상흔은 구전되어 손자들에게까지 전해질 것이다. 역사는 지울 수 없는 과거이다. 더욱이 일제의 만행은 영원히 잊어서는 안 된다. 왜냐하면 잘못된 역사는 후세에 반복

되어서는 안 되기 때문이다.

목화꽃 피는 계절이면, 목화꽃 필 때 돌아가신 어머니가 그리워진다. 올여름에는 아이들과 함께 어머니의 마음결 같은 목화꽃을 보러 가야겠다. 어린 시절 산자락에 지천으로 핀 그 목화꽃이 아닌 백의민족의 아름다운 꽃으로 말이다. 그리고 그 꽃이 한민족의 역사를 지켜온 자랑스러운 목화였다는 것을 아이들에게 가르쳐주고 싶다.

작품 속에 투영된 어머니

어머니! 하고 가만히 불러보면 눈물이 난다. 어린 시절 일찍 세상을 떠난 어머니는 영원한 그리움의 대상으로 남아 있다. 내 삶에 있어 어머니의 부재는 어두운 세월 저편의 슬픈 자화상이다. 그동안 나는 작품을 통해서 어머니에 대한 절절한 그리움을 서정적 울림으로 그리움의 미학을 추구한 바 있다. 이러한 작품으로 「영혼처럼 빛나는 별」이 있다.

소쩍새 우는 밤이면 내 곁을 떠나 영원히 만날 수 없는 사람들에 대한 그리움으로 몸부림친다. 세상을 떠나버린 아버지, 어머니, 그리고 그토록 사랑했던 사람들! 그들은 어디서 무엇이 되어 다시 만날 수 있을까?

어릴 때 누님은 밤하늘의 별똥별은 이승을 떠나 또 다른 세계로 길 떠나는 사람들의 영혼이라고 했다. 영혼이 우리 곁을 떠나면 어디로 가는 걸까, 어둠 저편엔 밝음의 세계가 있을까?

별은 지구에서 살다 목숨이 다한 생명체들의 영혼이 모여 사는 곳일지도 모른다. 육체는 죽어도 영혼은 불멸하여 우주 공간 수많은 별들 어딘가 존재하고 있을지도 모를 일이니까….

그래서 사람들은 세속적인 삶을 떠난 죽음 뒤엔 영혼의 부활이 있을 거라고 믿었다. 그런 사람들은 죽음을 초월하여, 지순한 사랑으로 꽃다운 삶을 살다간 영혼들의 속삭임이 들린다고 한다.

나도 그 영혼의 소리를 듣고 싶다.

별이 빛나는 밤, 아름다운 그들의 영혼은 하늘가 어느 별 속에 그리움처럼 반짝이고 있으리라.

나는 어린 시절 어머니와 몸 부대끼며 살았던 다정다감한 기억들을 평생 잊지 않고 살아가고 있다. 그 아련한 이미지들은 내 작품 속에 자양분이 되어 문학적 형상화를 통해 그리움으로 승화되어 표출되곤 한다. 이와 같이 어머니를 그리워하는 마음을 한국적인 정서와 감성적인 언어로 진솔하게 표현한 「홍시」라는 수필이 있다.

가을걷이가 끝날 무렵, 어머니는 감나무에 매달린 때깔 고운 홍시를 곱게 손질하여 소쿠리에 담아 보자기에 싸시더니, 내 손에 들게 하고 건넛마을 선생님을 찾아갔다. 어머니는 공부를 잘하는 아들이 중학교에 진학하지 못하고 농사일을 하는 것이 못

내 마음 아프셨던 모양이었다.

- 중략 -

고등학교 2학년 여름방학 때, 갑자기 어머니께서 세상을 떠나셨다. 아홉 명이나 되는 아이를 낳아 네 아이는 하늘나라에 보내고, 다섯 아이를 기르신 어머니는 시름 많은 세상을 살다 아무 말 없이 떠나신 것이다.

노을 지는 들판에 허수아비처럼 살아온
주름살 응어리진 어머니의 얼굴엔
한 많은 연륜들을 농사만큼 자식 걱정

철모르고 자란 세월 어머니의 사랑인 걸
먼발치 치맛자락 하루인들 잊을까만
다시금 그리워지는 다사로운 어머니

어머니의 정성을 잊지 않고 주경야독 열심히 공부하였다. 나는 대학에 진학할 수 없는 형편임을 알면서도, 아무도 모르게 새벽 기차를 타고 낯선 도시로 대학 입학시험을 보러 갔다. 진눈깨비가 흩날리는 캠퍼스에는 부모형제들이 서성이고 있었지만, 아무도 아는 이 없는 낯선 곳에서 홀로 시험을 보는 그 순간에 불현듯 어머니의 모습이 떠올라 눈물이 앞을 가렸다.

장학금을 받고 가정교사를 하여 대학을 졸업한 후, ROTC장교로 군 복무를 하였다. 공수특전사에서 낙하산 훈련을 받던 극한상황에서도 어머니가 보고 싶었고, 휴전선 비무장지대에서 남쪽 하늘을 바라보며 어머니를 그리워했다.

군 복무를 마치고 교사가 되었다. 시골학교에서 근무하면서 대학원에 진학하여 불철주야 공부를 하였다. 뙤약볕이 내리쬐는 여름 낮에도, 찬바람이 가슴을 파고드는 겨울밤에도 혼신의 힘을 다하여 공부를 하였다. 매주 몇 백 리가 넘는 먼 길을 다니면서도 남들이 하기 어려운 공부를 한다는 보람에 힘든 줄 몰랐다. 마침내 문학박사 학위를 취득하였다. 나는 먼저 부모님 산소에 찾아가 절을 올렸다.

산소 아래 산자락에는 아직 철 이른 풋감이 주렁주렁 열려 있었다. 그 감이 익어 어머니의 마음결같이 고운 홍시가 되면, 한 아름 따다가 정년퇴임을 하신 건넛마을 선생님께 드려야겠다.

이 세상에서 가장 아름다운 것은 '어머니의 마음'이다. 그리고 이 세상에서 가장 소중한 언어는 '사랑'이다. 이 두 가지를 다 포함하고 있는 대상이 바로 '어머니'이다. 그래서 살아계실 때에도, 아니 돌아가신 후에도 잊을 수 없는 것이 '어머니의 사랑'이다.

그래서 나는 청소년 시절에 병환으로 돌아가신 부모님을 항상 못 잊어 하며 그리워했다. 젊은 날에 어려운 일이 생기거나 삶이 괴로울 때면 하늘에 계신 부모님께 도와달라고 간절히 빌곤 했다. 그러면 '불쌍한 자식이 힘들겠구나'라고 생각했는지 도와주시는 것만 같았다.

비록 부모님이 일찍 돌아가셔서 서럽게 살았던 날들이 많았지만 이제는 하늘나라에 계신 부모님이 "그동안 고생 많이 하며 치열하게 살았구나", "앞으로 좋은 글 많이 쓰고 행복하게 살아라"고 격려해주실 것만 같다.

그해 여름의 옥수수

그녀가 면회를 왔다. 나는 전철역 앞에서 그녀와 옥수수를 사 먹었다. 낙하산 훈련을 받느라 지치고 굶주린 탓에 옥수수가 무척 맛있었다. 몇 개를 연거푸 먹었다. 그녀는 옥수수를 먹고 있는 나를 물끄러미 바라보고만 있었다.

그해 여름은 비가 내리지 않았다. 가뭄이 한 달 동안이나 계속되어 초목들이 타들어 가고 풀벌레소리마저 들리지 않았다. 땡볕이 내리쬐는 무더운 여름날, 나는 공수특전사령부에서 한 달간 낙하산 훈련을 받고 있었다. 어찌나 더운지 쉬는 시간이면 소금을 한 주먹이나 먹었다. 일사병에 걸리지 않기 위해서였다.

그때 나는 육군 소위였다. ROTC로 임관하여 동료들은 보병학교를 수료하고 전·후방에서 소대장을 하고 있는 데, 나는 공수부대에 차출되어 낙하산 훈련을 받느라 그해 여름을 지옥처럼 보냈다.

그녀는 혹독한 훈련을 받고 있는 나를 위로하기 위해 먼 길을 찾아왔다. 그녀는 대학을 갓 졸업한 후 섬마을 선생님을 하고 있었다. 그런데 주말을 이용하여 완도 금일에서 서울까지 불원천리 찾아온 것이다.

여름 한 달 동안 낙하산 훈련을 마치고 곧이어 특수전 훈련을 받았다. 우린 무장간첩처럼 산속에 은거하며 작전을 수행했다. 우리들이 먹을 식량과 부식은 낙하산으로 투하됐다. 깊은 산속에 투하된 보급품을 찾기란 결코 쉬운 일이 아니었다. 더욱이 쌍방훈련으로 대항군이 있기 때문에 낮에는 찾을 수가 없고 밤에만 찾아야 했다. 그중에는 우리가 꼭 찾고 싶은 것이 있었다. 편지 뭉치였다. 그것은 우리가 훈련을 받는 동안에 온 편지들로 대부분 가족이나 연인들에게서 온 것들이다.

사랑하는 그녀의 편지도 있었다. 그녀의 편지를 읽으면서 나는 울었다. 면회를 왔던 그녀는 검은 베레모를 쓴 나를 처음 본 순간 대학생 때의 순수하고 낭만적인 모습은 찾아볼 수 없고, 시커멓게 그을린 얼굴에 굶주린 사람처럼 혼자 게걸스럽게 옥수수를 먹는 모습을 보고, 이 남자와 꼭 결혼을 해야 하느냐는 갈등과 번민을 했다는 내용의 편지였다.

낙하산으로 배달된 편지는 이 세상의 어느 글보다도 아름다운 글이었다. 그렇기 때문에 편지를 항상 호주머니에 넣고 다니면서 읽고 또 읽었다. 그런데 그녀가 보낸 옥수수 먹던 사연의 편지를 읽고는 삶의 의욕을 잃었다.

그해 여름에 그렇게도 내리지 않던 비가, 산속에서 훈련을 받을 때는 장대비가 쏟아졌다. 장대비에 내 몸이 축축이 젖어 들 듯 내 마음도 슬픔에 젖었다. 그동안 애지중지 호주머니에 넣고 다니던 비에 젖은 편지를 모두 찢어버렸다.

그녀가 편지를 보내지 않는 까닭은 그놈의 옥수수 때문이라고 생각했다. 옥수수를 먹지 않기로 결심했다. 그녀의 가슴 아픈 추억을 다시는 기억하지 않기 위해서였다.

그녀와 사귄 지 7년 만에 결혼을 했다. 아내는 여름방학을 맞아 내가 근무하는 전방으로 왔다. 비무장지대 민통선에는 옥수수밭이 많았다. 둘이서 옥수수 밭길을 걸으며 전철역 앞에서 옥수수 먹던 이야기를 하며 웃었다.

우리는 알이 토실토실 영근 먹음직스러운 옥수수를 라면상자에 가득 담아 고향에 계시는 친척들에게 보내드렸다. 제대를 하고 고향에 갔더니, 그때 보내준 옥수수가 배달되는 과정에서 다 썩어버렸다고 한다. 더구나 그 옥수수는 사료용이라고 했다.

지금도 우리 가족들은 옥수수를 좋아한다. 생전에 어머니가 옥수수를 좋아했기 때문에 텃밭에 찰옥수수를 심어 여름이면 옥수수를 즐겨 먹었다. 그래서 누님은 어머님 제사 때면 찰옥수수를 사 오신다. 그러나 나는 옥수수를 먹지 않는다. 아내는 옥수수를 먹지 않는 나를 보고 빙긋이 웃으며 옥수수를 맛있게 먹는다.

어느덧 30여 년의 세월이 흘렀다. 며칠 전에 아내가 친정에서 옥수수를 가져왔다. 이제는 옥수수를 먹어도 되지 않겠느냐는 것이다. 30여 년 전의 옥수수 맛을 기억하며 옥수수를 먹는다는 것은, 이 또한 아름다운 추억이 아니겠는가.

철모 속에 핀 꽃

하얀 꽃 한 송이가 휴전선 비무장지대에 피어 있었다. 그 꽃은 반쯤 뒤집힌 채 흙 속에 묻혀 있는 철모 속에 피어 있었다. 어디서 본 듯한 꽃 같아서 저만치 쳐다보니 녹슬고 깨진 철모 밑에는 유골이 묻혀 있었다. 예전에 내가 근무했던 부대는 6·25전쟁 때 피비린내 나는 전투가 벌어졌던 백마고지와 가까이 있었다. 부대 주변에는 미확인 지뢰밭이 있어 이름 모를 유해들이 들꽃처럼 피어 있었다.

비무장지대 아래 민통선 마을에는 북쪽에 고향을 둔 실향민들이 살고 있었다. 민통선에서 농사를 짓던 할아버지는 일이 끝나면 초소 앞에 와서 휴전선 너머 멀리 보이는 북녘마을을 바라보며 하염없이 눈물만 흘리고 있었다. 저곳이 예전에 자기가 살던 고향 마을이라고 했다.

할아버지는 6·25전쟁이 발발하자 인민군에게 끌려간 동생을 찾기 위해 국군에 지원하여 백마고지 전투에 참전했다가 부상을 당했다고 한다. 그는 전쟁이 끝난 후에도 헤어진 부모 형제를 찾기 위해 고향 가까운 이곳에서 살고 있었다. 할아버지의 소원은 죽기 전에 동생을 만나고 싶고, 죽었다면 유해라도 찾았으면 좋겠다고 했다.

얼마 전에 남북한 정상이 평양에서 비무장지대에 있는 6·25전쟁 때 전사자의 유해를 남북한이 공동으로 발굴하기로 했다. 비무장지대 유해 발굴은 백마고지와 가까이 있는 철원의 화살머리고지를 시범적으로 발굴했다. 얼마나 치열한 전투였는지 유해 발굴 현장에서 발견된 수통에는 30여 발의 총탄 자국이 남아 있었다.

백마고지 전투는 1952년 10월 6일부터 열흘 동안 해발 395m 고지를 뺏기 위해 한국군 2만여 병력과 중공군 4만 4000여 명이 피비린내 나는 전투를 벌였던 곳이다. 스물 네 번이나 뺏고 빼앗기는 전투 중에 한국군 3400여 명과 중공군 1만 4000여 명의 사상자를 낸 세계 역사상 유례가 없는 전투였다. 백마고지는 산등성이에 무수히 터진 포탄으로 흙이 하얗게 변해 마치 백마가 누워 있는 것 같다고 해서 붙여진 이름이다.

군복무 시절에 가보았던 백마고지를 가보고 싶었다. 전역 40주년을 기념하여 지난 10월 30일, ROTC 14기 동기와 부부 140여 명이 백마고지 유적지를 찾아갔다. 백마고지를 바라보면서 국토방위를 위해 이곳에서 젊은 시절을 보냈던 추억을 회상하니 감회가 새롭기만 했다. 백마고지 전투에서 부상을 당한 실향민 할아버지는 고향의 부모형제를 그리워하다 세상을 떠났을 것이다.

남과 북에는 6·25전쟁으로 부모형제와 헤어진 이산가족들이 많이 있다. 1985년 이후 스물한 번이나 남북한 이산가족의 만남이 있었지만 아직도 수백만 명이 넘는 이산가족들은 생사도 확인하지 못하고 있다. 6·25전쟁으로 남과 북의 이데올로기는 혈육의 정마저 끊어놓고, 세월은 꽃다운 청춘을 백발노인으로 만들었으니, 이 한 맺힌 이산가족의 눈물을 누가 알겠는가?

살아있는 이산가족들은 언젠가 다시 만날 수 있겠지만, 6·25전쟁 때 전사한 비무장지대 미확인 지뢰밭에 묻힌 이름 모를 유해는 어떻게 부모형제를 만날 수 있을까? 설령 유해를 발굴하더라도 부모형제들이 이미 세상을 떠나 DNA도 남아있지 않다면 그들을 어떻게 찾을 수 있단 말인가? 철모 속에 피고 지는 들꽃처럼 무심한 세월만 말없이 흘러가고 있다.

6·25전쟁은 수많은 사람들에게 고통과 슬픔을 안겨주었다. 6·25전쟁 중에 태어난 나는, 전쟁의 쓰라린 아픔 속에서 어린 시절을 보냈다. 고향 마을은 폭격으로 폐허가 되고, 동네

사람들은 빨갱이들에게 학살을 당했다. 전쟁이 끝난 후에도 패잔병들은 백운산에 숨어 게릴라전을 벌이며 관청을 공격하고 민가를 불태웠다. 빨치산들은 산골 마을 사람들에게 식량을 약탈하고, 젊은이들을 끌고 가 빨치산이 되기를 강요하다 순응하지 않으면 죽였다. 산골 마을에 살던 친척 할머니는 외아들이 빨치산에게 잡혀갔다. 할머니는 생사를 알 수 없는 자식이 돌아오기를 눈 시리도록 기다리다 세상을 떠났다.

전쟁의 슬픈 사연을 간직한 채 한 많은 세월은 깊고 푸른 강물처럼 흘러갔다. 6·25전쟁이 일어난 지도 어느덧 68년이 흘렀다. 올해는 남북한 및 미국의 정상들이 만나 북한 핵무기 폐기를 위한 협상을 하고 있다. 판문점에서 남북한 정상이 만나고, 문재인 대통령이 북한을 방문하여 백두산 천지에서 김정은 위원장과 손을 맞잡고 평화를 기원했으리라.

6·25전쟁으로 헤어진 이산가족들이 염원하는 것은 남북통일이 되어 헤어진 부모형제를 다시 만나 오순도순 행복하게 사는 일일 것이다. 그런데 남북한 이산가족 찾기와 무명용사들의 유해 발굴 이야기가 나올 때마다 녹슬고 깨진 철모 속에 핀 이름 모를 꽃이 생각나는 까닭은 무엇 때문일까?

조국을 위해 꽃다운 청춘을 바친 휴전선 비무장지대 풀숲에 잠자는 이름 모를 용사들은 남과 북에 사는 우리들의 잊힌 혈육이다. 지금도 그들의 부모님은 전쟁터에 나간 자식이 무사히

돌아오라고 정화수 떠놓고 빌고 있는지도 모른다. 우리는 남북한에 흩어진 이산가족들이 서로 만나고, 6·25전쟁으로 전사한 유해들이 부모형제 품으로 돌아갈 수 있도록 해야 한다.

이제 한반도에는 평화의 봄이 찾아오고 있다. 머지않아 남북한이 하나가 되는 통일을 이루고 번영의 나라가 될 것이다. 그날이 올 때까지 은원(恩怨)일랑 잊어버리고 서로 화합하는 한민족이 되어야 한다. 그리하면 철모 속에 핀 하얀 꽃이 하늘에 별이 되어 영원히 지켜주리라.

초록 볼펜

누군가를 사랑한다는 것! 더구나 아름다운 추억이 깃든 물건을 평생토록 간직하고 있다는 것은 행복한 일이다. 군대에 갈 때, ROTC 축제 때 만난 첫사랑의 여인이 자기에게 편지를 쓸 때 사용하라고 선물로 준 초록 볼펜을 지금까지 간직하고 있다. 그 볼펜은 초록빛 ROTC 반지와 함께 내가 소중히 여기는 물건 중의 하나이다.

군대에서 힘든 훈련을 받는 동안에도 그녀가 준 초록 볼펜으로 편지를 썼다. 그녀는 정성을 다해 답장을 보내왔다. 그녀의 편지는 괴로움의 골짜기와 아픔의 벌판을 헤매다 지친 내 영혼을 위로해 주는 사랑의 메시지였다. 깊은 산속에서 한 달간 훈련을 받을 때엔 낙하산에 보급품과 함께 실려 온 편지는 베스트셀러보다도 더 아름다운 글이었다.

군대생활을 하면서 그동안 주고받은 편지와 함께 그때 사용했던 볼펜을 모아두었다. 제대 후에 볼펜을 모으기 시작하여 40여 년 동안 1000여 자루의 볼펜을 모았다. 그중에서 특별한 볼펜을 가려 뽑아 전시회를 두 번이나 열었다. 볼펜을 수집한 까닭은 언젠가 손으로 쓰는 필기구가 사라지고, 기기로 문자를 입력하는 시대에는 지금처럼 흔한 필기구가 귀중한 유물이 될 것이라고 생각했기 때문이다.

그동안 모은 볼펜은 내가 사용했던 볼펜이거나 기념 볼펜 또는 외국 여행을 다니면서 구입한 독특한 볼펜들이다. 몽블랑, 워터맨, 파카 등 각종 메이커의 볼펜을 비롯하여 금제 모나미 볼펜, 순은 파카 볼펜, 십장생 자개 볼펜, 중국 칠보 볼펜, 아프리카 흑단목 볼펜, 핀란드 순록 뿔 볼펜, 세계 여러 나라 볼펜 등과 꿀벌, 뱀, 곰, 인형, 수박, 주사기, 장미꽃 등 다양한 종류의 볼펜들을 모았다.

볼펜을 모으면서 잊히지 않는 사연이 있다. 중국과 수교하던 해에 백두산 여행을 갔을 때였다. 어느 마을에서 버스가 정차하자 아이들이 몰려와 목에 걸고 있는 볼펜을 백두산 산삼과 바꾸자고 졸라댔다. 그 당시 중국 산골 아이들에게는 볼펜이 귀한 때라 어쩔 수 없이 북경에서 산 볼펜을 나눠주었다. 인도에서는 가난한 노인에게 수공예로 만든 유리 조각이 박힌 볼펜을 샀더니, 자기가 팔고 있는 볼펜과 내가 입고 있는 잠바와 바꾸자고 했다. 바꿔 입을 옷이 없어 옷을 벗어주지 못하고 볼펜을 다 사주었다.

글을 쓰는 작가가 되면서 필기구에 남다른 애착이 생겼다. 좋은 글을 쓰기 위해서는 메모를 해야 했다. 책을 읽고 노트에 기록하거나 반짝이는 아이디어를 메모하기 위해서 항상 볼펜과 종이를 가지고 다닌다. 요즘은 스마트폰 메모란에 입력하기도 하지만 아무래도 볼펜이 더 편리하다.

메모뿐만 아니라 기록을 하기 위해서는 필기구가 중요하다. 그래서 옛 선비들은 붓, 종이, 벼루, 먹의 문방사우를 소중히 여겼다. 인류가 문화와 문명을 발달시킬 수 있었던 것은 지식과 경험을 기록하여 후세에 전할 수 있었기 때문이다. 그래서 필기구는 인류 역사와 함께 진화해 왔다.

동양에서는 중국 진시황 때 만리장성을 쌓은 몽염이 붓을 발명했으며, 서양에서는 1780년 영국의 해리슨이 강철제 펜을 만들어 사용하다가 1884년 만년필이 만들어졌다. 그 후 1938년 헝가리 신문기자 라슬로 비로가 볼펜을 발명했다. 최근에는 디지털의 발달로 전자펜이 발명되고, 문자문화시대에서 전자문화시대로 바뀌면서 종이책 시대의 필기구가 아닌 기기로 입력하는 시대가 되었다.

그렇지만 아무래도 몰입하여 작품을 쓸 때는 기기보다는 필기구가 더 유용했다. 글을 쓸 때 나는 손글씨로 초안을 작성하고, 컴퓨터 자판을 두드려 글을 완성한다. 지금도 지난해

문학상을 받았을 때 ROTC 동기회에서 선물로 준 몽블랑 초록 볼펜으로 글을 쓰고 있다. 밤늦도록 글을 쓰노라면 첫사랑의 여인인 아내가 따뜻한 차 한 잔을 권하면서 내 글을 읽어보고 작품평도 해준다.

젊은 날의 애틋한 사연이 담긴 편지와 볼펜을 간직하고 있다는 것은 지나간 날들이 행복했기 때문이리라. 세월이 흘러 황혼이 찾아오면, 초록 볼펜으로 쓴 그리움의 연서를 손주들과 함께 읽어볼 것이다. 그러면서 한 생애를 살아오는 동안 내 삶의 뜨락에 꽃 피우고 열매 맺은 아름다웠던 그 세월을 생각하리라.

풀꽃 훈장

지난 설날, 버스터미널에서 섬 소녀를 보았다. 도시로 가버린 미영이었다. 갓난아이를 보듬고 군중 속에서 서성이는 모습은 먼발치에서도 초라해 보였다. 벌써 아기 엄마가 된 미영이를 보니 예전 섬 학교에서의 일들이 떠오른다.

스승의 날이었다.

교실에 들어선 선생님에게 아이들이 몰려와서 옷자락에 훈장 같은 꽃을 주렁주렁 달아준다. 꽃망울진 장미와 활짝 핀 카네이션으로 웃옷이 온통 꽃밭이 되어버렸다.

왠지 쑥스럽고 부끄러웠다. 교무실 구석에서 그 꽃들을 떼어내다 뜻밖에 풀꽃 한 송이가 매달려 있는 것을 보았다.

누구일까? 풀꽃을 살며시 꽂아두고 가버렸을 그 아이가 궁금했다. 쉰 두 명의 얼굴 중 우연히 미영이의 얼굴이 떠올랐다. 수더분한 얼굴에 말수가 적은 미영이가 생각났다. 파도소리와 갯바람에 길들여진 순박한 미영이의 꾸밈없는 마음일 거라고 여겼다.

미영이는 불쌍한 섬 아이들 중의 하나였다. 바다에 고기잡이 나간 아버지가 파도에 휩쓸려 시체로 집에 돌아오던 날, 가족들은 밤새도록 목 놓아 울었다.

장례식 날, 아이들과 함께 찾아간 후미진 바닷가 초상집은 을씨년스러웠다. 바닷가 방파제 위에 덩그러니 놓인 꽃상여는 거친 바닷바람에 찢겨 나풀거리고, 미영이의 처절한 통곡은 파도소리가 삼켜버렸다. 함께 온 아이들도 서럽게 서럽게 울었다. 어쩌면 미영이의 불행이 자신들의 숙명처럼 여겨졌기 때문이었을까? 섬 아이들은 바다보다 더 짜디짠 삶을 살아가고 있다. 파도에 휩쓸리는 모래톱의 모래알만큼 숱한 애환을 품고 살아가는지도 모른다.

갯바람 부는 거친 바다에서 그 바다와 호흡을 같이 하며 살아가는 섬사람들에게 바다는 고해(苦海)일 뿐이었다. 봄이면 다랑이 논 몇 마지기와 묵정밭을 가꾸며 살아가는 가족들, 겨울이면 새벽 일찍 바다에 나가 시린 손발을 바닷물에 담그고 하루해 동안 김발, 미역건이를 서두르는 아버지. 차가운 겨울 바닷속에서 몇 번이고 깊은 숨을 몰아쉬며 자맥질하는 어머니.

누더기 같은 처마 지붕 아래에서 갯비린내 물씬거리는 저녁

밥상을 차려놓고 바다에 나간 부모를 기다리는 섬 아이는 결코 동화 속에 나오는 아름다운 이야기는 아니었다. 그러나 섬에서 살아본 적이 없는 뭍의 사람들은 수평선 너머 물결 출렁거리는 바다를 낭만과 동경의 대상으로 여겨왔다.

나도 섬 학교에 오기 전까지는 '해당화 피고 지는 섬마을 선생님'으로 생각했다. 그러나 섬에서 네 해를 사는 동안 섬은 낭만과는 거리가 먼 곳이었다. 현대문명에 소외되고 문화시설이 낙후된 생활은 고통과 아픔만 더할 뿐이었다. 젊은이들은 철새처럼 고향을 떠나고, 주름살 응어리진 늙은 부모들만이 외로운 섬을 지키고 있었다. 부모를 잃은 아이와 생활보호 대상자도 많았으며, 가정형편이 어려워 중도에 학교를 그만두고 도회지로 취직하러 가는 아이들도 많았다.

미영이는 지난해 아버지를 잃은 불쌍한 소녀이다. 그런데 병든 몸으로 해녀생활과 미역공장에서 날품팔이를 하던 홀어머니마저 농약을 마시고 죽어버렸다. 어린 자식들의 뒷바라지도 못 다한 채 고통스러운 삶을 마감해버린 것이다.

그 후 미영이는 한마디 말도 없이 남은 가족들과 함께 도회지로 떠나가버렸다. 행여나 돌아올까 기다리던 나는 아린 마음으로 그 아이의 이름을 출석부에서 지웠다. 그동안 나는 미영이뿐만 아니라, 학교를 그만둔 아이들에 대해 무관심하게 잊고 지내왔다. 남은 학생들을 위해 열심히 가르치는 일만이

교사로서 최선을 다하는 것으로 생각했다.

그런데 버스터미널에서 미영이를 본 순간 반가움보다는 부끄러운 마음이 앞섰다. 어린 나이에 아이 엄마가 된 초라한 모습을 보고는 더욱 마음이 아팠다. 그 아이를 보살펴주지 못한 자책감이 마음속 깊이 소용돌이치고 있었다.

스승의 날, 훈장처럼 풀꽃송이를 달아주던 미영이가 아이 엄마가 되어 눈앞에 서성거려도 차마 그 이름을 부르지 못한 아쉬움이 여울물처럼 흐르고 있었다. 어쩌면 하찮은 풀꽃처럼 천덕꾸러기로 살아갈지도 모를 미영이가 안타까웠다. 산과 들에 핀 풀꽃은 온실이나 뜰에서 자란 화초보다 화려하지 않을지라도 소박하며 강인한 이미지를 지니고 있다. 미영이가 온실 같은 학교를 떠나 거친 사회에서 생활하더라도 산야에 핀 풀꽃처럼 꿋꿋하게 살아가기를 마음속으로 빌고 또 빌었다.

해마다 스승의 날이 되면, 선생님의 가슴에 감사의 꽃을 달아준다. 그리고 나라에서는 선생님의 공적에 따라 훈장을 수여한다. 꽃 이름만큼 화려한 무궁화장, 모란장, 동백장, 목련장, 석류장의 자랑스러운 훈장들이다.

그러나 세월이 흐를수록 무명교사의 가슴에 풀꽃 한 송이를 달아주던 그 마음이 그립다.

『한국수필』 1994년 등단작

꽃넋

전생에 나는 꽃을 좋아하는 선비였는지 모른다. 선비들이 좋아하는 사군자를 좋아하고, 그중에서도 눈 속에서 꽃을 피우는 매화를 더욱 좋아한다. 그런데 눈 속에 핀 매화꽃을 보면, 어린 시절 고향에서 함께 살았던 매화가 생각난다.

매화는 이웃집 소녀였다. 초롱초롱한 눈망울에 얼굴이 고운 그녀를 동네 사람들은 매화나무집에 산다고 하여 매화라고 불렀다. 그녀는 가난한 집안의 외동딸로 아버지를 여의고 홀어머니와 함께 살면서도 구김살 없는 착한 소녀였다. 그런 소녀를 우리들은 좋아했다.

매화는 한 청년을 남몰래 사랑하고 있었다. 그들은 달 밝은 밤이면, 달빛보다도 더 애틋한 사랑을 꽃피웠으리라. 하지만 가난한 그녀와 부잣집 청년과는 이루어질 수 없는 사랑이었다. 어느 날 갑자기 그 청년은 고시 공부를 한다고 산속의 암자로 들어가버렸다.

들불같이 피던 봄꽃들이 사라지고 보릿고개가 찾아왔다. 달 밝은 밤 초가지붕에 하얀 박꽃이 서럽게 지던 날, 매화는 사랑하는 사람을 찾아 어디론가 가버렸다. 홀어머니를 남겨두고 고향을 떠나가버렸다.

세월이 참 빠르게 흘러갔다. 그녀를 잊은 지도, 그녀의 소식을 들은 지도 참 오래되었다. 온갖 꽃들이 흐드러지게 피는 봄이 오면, 내 고향 섬진강가의 매화마을에 하얀 매화꽃이 눈이 시리도록 필 때면 그녀가 생각났다. 아직도 그녀는 매화꽃처럼 아름다운 모습으로 어디에선가 살고 있을 거라고 믿었다.

매화의 소식이 어렴풋이 들려왔다. 그녀는 어느 절에 비구니가 되었다는 풍문이 보리깜부기같이 떠돌았다. 그 청년과 인연을 맺지 못한 그녀는 세속을 떠나 중이 되었다고 한다. 우리들은 그럴 리가 없다고 고개를 흔들었지만 매화를 보았다는 사람이 있었다. 매화 어미는 그 소문을 듣고 목 놓아 울었다.

세월이 흐르고 나이가 들어갈수록 눈 속에 핀 매화꽃 향기가 그리워진다. 더욱이 여느 해보다도 추운 겨울의 끝자락이면 매화꽃이 피는 봄이 빨리 오기를 손꼽아 기다린다. 그해는 남녘 어느 절에 수백 년 된 홍매화가 천연기념물로 지정되었다는 보도가 있었다. 그 매화꽃을 보기 위해 이른 봄에 탐매를 나섰다.

고즈넉한 절에는 매화 향기보다도 더 은은한 염불소리가 메아리가 되어 울려 퍼졌다. 이끼 낀 석탑 옆에는 고목이 된 홍매화가 숱한 세월 동안 추운 겨울을 이겨내고 해마다 봄이 되면 화사한 꽃을 피우고 있었다. 수줍은 듯 붉게 핀 홍매화가 마치 매화를 닮았다. 탐방객 모두가 매화꽃을 보더니 부처님이라도 된 듯이 염화시중의 미소를 짓고 있었다.

대웅전의 부처님께 삼배를 하고 불탑을 돌아 나오는데, 매화를 닮은 여승이 걸어가고 있었다. 가까이 다가가 그녀를 쳐다보았다. 아! 분명 매화였다.

"스님! 어디서 많이 본 듯한 데, 혹시 저를 아시는지요?"

갑작스러운 물음에 스님은 잠시 당황하더니,

"저는 속세의 인연은 모릅니다."

뒤돌아서서 총총히 걸어가는 여승의 모습이 늙은 홍매화 나무처럼 외롭고 쓸쓸해 보였다.

세월이 흐르고 또 세월이 흘러갔다. 올해는 매화꽃이 유난히도 일찍 피었다가 진다. 기후 온난화로 남녘의 날씨가 무척 따뜻해졌기 때문이다. 매화꽃이 일찍 피고 지자, 진달래, 개나리, 벚꽃들도 덩달아 피더니 한꺼번에 시들어버렸다.

봄꽃들이 떨어져버린 잔인한 4월에, 고등학교 수학여행단을 실은 세월호가 물살이 거센 맹골수로에 침몰하여 304명이 목숨을 잃었다. 그것도 한 맺힌 혼백을 달래는 씻김굿의 고장 진도 앞 바다에서, 남녀 학생들이 비바람에 우수수 떨어지는 꽃잎처럼 꽃넋이 되어버렸다.

이들은 내 기억 속에 남아 있는 매화 또래의 학생들이다. 그들은 꽃다운 청춘의 꿈을 제대로 펼쳐보지도 못한 채 이 세상을 하직하고 말았다. 꽃 같은 어린 생명들이 차디찬 바닷물 속에서 핏빛 울음을 울부짖는 것 같아 참으로 처절하고 비통하다.

그런데 세월호 선장을 비롯하여 선원들은 침몰하는 배에서 자기만 살겠다고 먼저 탈출하고, 탑승객들에게는 배 안에 가만히 있으라고 했다니, 이 얼마나 어리석은 짓인가! 더구나 해양경찰 등의 늦장 구조로 수많은 인명들이 희생당했다고 하니, 참으로 애석하고 통탄스럽다.

초파일 무렵, 혼자 조용히 바다가 보이는 절을 찾아갔다. 고등학교 교장으로서 세월호 참사로 꽃넋처럼 이승을 떠난 영령들을 추모하기 위해서였다. 경내에는 향 내음이 자욱하고 깊은 침묵만 흐르고 있었다. 부처님 전에 여승 한 분이 목탁을 두드리며 염불을 하고 있었다.

불현듯 여승이 매화일지도 모른다는 생각이 들었다. 매화가 속세의 삶을 초탈하고 구도승이 되어 부처님 앞에서 무언가를 구원하고 있다고 생각했다. 그녀가 염불을 하는 동안 나는 부처님을 향해 합장을 한 채, 매화의 젊은 날의 모습을 상상하며 목탁소리가 끝날 때까지 기다리고 또 기다렸다. 그러나 스님은 쉼 없이 염불을 하며 좀처럼 자리에서 일어나질 않았다. 그런데 스님의 애절한 염불소리에 나도 모르게 동화되어 스님과 내가 하나가 된 듯 부처님의 자비를 염원하고 있었다.

봄꽃들이 피고 지는 산사에서, 세월호 참사로 세상을 떠난 학생들을 추모하면서 매화를 상상하게 된 연유는 무엇 때문일까? 인간이 산다는 것은 꽃이 피고 지는 것과 같은 것. 해마다 꽃은 다시 피고 지지만 인생은 한 번 지면 다시 피지 않는 꽃! 더구나 생명을 소중히 여길 줄 모르는 인간들 때문에, 꽃다운 나이에 피어보지도 못한 채 떨어져버린 꽃송이처럼 바다에 꽃넋이 되어버린 어린 학생들을 생각하니, 인생이 허허롭기 그지없다.

작품 속에 있는 섬

다도해의 섬은 아름답다. 외지인들에게 섬은 낭만과 동경의 대상이다. 수평선 멀리 바다에서 금빛 해가 떠오르고, 붉게 물든 저녁노을은 환상적인 광경이다. 그러나 섬에 사는 사람들은 거친 파도가 몰아치는 바다에서 고기잡이를 하고 해산물을 양식하며, 하루 하루를 힘겹게 살아가고 있다.

나는 교직생활을 하는 동안 완도와 신안의 네 곳의 섬에서 중·고등학교에 근무했었다. 그곳에서 근무하는 동안 섬사람들의 삶의 모습을 눈여겨보며 그들의 생활상을 작품으로 형상화했다. 이러한 수필로 1985년 고금도에서 근무할 때의 「풀꽃 훈장」에서는 섬 아이들의 생활상을 진솔하게 표현하고 있다.

나도 섬 학교에 오기 전까지는 '해당화 피고 지는 섬마을 선생님'으로 생각했다. 그러나 섬에서 살아보니 낭만과는 거리가 먼 곳이었다. 현대문명에 소외되고 문화시설이 낙후된 생활은 고통과 아픔만 더할 뿐이었다. 젊은이들은 철새처럼 고향을 떠나고, 주름살 응어리진 늙은 부모들만이 외로운 섬을 지키고 있었다. 부모를 잃은 아이와 생활보호 대상자도 많았으며, 가정 형편이 어려워 중도에 학교를 그만두고 도회지로 취직하러 가는 아이들도 많았다.

섬마을에는 고기잡이 나간 부모들이 바다에서 돌아오지 못한 경우도 있었다. 그래서 결손가정의 학생들이 많았다. 죽음이 일상화된 섬사람들은 장례를 치를 때 슬프게 울지 않는다. 그들은 슬픔을 승화시켜 북 치고 노래하며 망자의 넋을 달랜다. 그러나 초상집은 애달프기는 마찬가지였다.

장례식 날, 아이들과 함께 찾아간 후미진 바닷가 초상집은 을씨년스러웠다. 바닷가 방파제 위에 뎅그러니 놓인 꽃상여는 거친 바닷바람에 찢겨 나풀거리고, 미영이의 처절한 통곡은 파도소리가 삼켜버렸다. 함께 온 아이들도 서럽게 서럽게 울었다. 어쩌면 미영이의 불행이 자신들의 숙명처럼 여겨졌을까? 섬 아이들은 바다보다 더 짜디짠 삶을 살아가고 있다. 파도에 휩쓸리는 모래톱의 모래알만큼 숱한 애환을 품고 살아가는지도 모른다.

그 당시에는 승진을 하기 위해서는 섬 학교에 근무해야만 했다. 나 역시 승진도 해야겠지만 그보다도 가난하고 불쌍한 아이들을 보살펴주고 싶었다. 그런데 4년 만기가 되면 육지로 가야 하기 때문에 처음 발령받은 학교에서 1년간 근무하고 다른 학교로 옮겨 3년간 근무했다. 어쩔 수 없이 고금도에서 신지도로 자리를 옮겼다. 떠나는 날, 전교생 24개 학급 1400여 명의 학생들이 학교 정문에서부터 부둣가까지 도열하여 배웅할 때는 모두가 눈물바다가 되었다.

지금은 고금도와 신지도에는 연륙교가 가설되어 차로 갈 수 있지만 그 당시에는 도선을 이용해야만 했다. 신지도에는 유명한 명사십리 해수욕장이 있다. 이 작은 섬에 동중과 서중이 있었으나 몇 년 전에 폐교된 신지동중학교에서 2학년과 3학년 담임을 했다. 학생 중에는 지적 장애아가 있었는데, 그 학생의 이야기를 작품화한 「비와 바다」가 있다.

행운이의 부모는 농아였다. 그가 태어날 때 귀머거리는 아니었지만 어릴 때부터 부모가 말을 제대로 가르쳐주지 않았기 때문에 발음도 어눌하고 남의 말도 잘 알아듣지 못한다. 행운이네 식구들은 말도 못하지만 수화도 할 줄 모른다. 그들의 언어는 눈빛과 몸짓이며, 인사는 눈맞춤이다. 그들은 세상의 언어가 필요 없었다.

- 중략 -

그는 중학생이지만 나이가 많아 고등학생만 한 체구인데 초등학교 저학년의 지적 능력을 가지고 있었다. 학교 친구들도 그와 놀아주지 않고, 선생님들도 그를 예뻐해 주지 않기 때문에 학교에 다니는 것이 싫었다. 그래서 그는 혼자 바닷가에서 놀다 바다에 빠져 죽고 말았다.

사회나 학교에서 장애아로서 보살핌을 받기보다는 오히려 차별과 냉대를 받고 사느니 차라리 현실 도피처로써 바다를 찾았는지 모른다. 그래서 비 오는 날이면 바다를 찾았고, 결국 눈물처럼 내리는 비를 맞으며 그토록 좋아했던 바다에 몸을 맡겼던 것이다.

비록 장애아로 태어났더라도 고귀한 생명을 가진 한 인간으로서 그가 살아갈 수 있는 최소한의 여건은 마련됐어야 했다. 그럼에도 불구하고 장애아를 위한 특수교육이나 시설 하나 없는 섬마을에서 천덕꾸러기로 살다 부질없는 이 세상을 버리고, 마침내 더 좋은 세상으로 떠나갔다.

그의 주검이 바닷가에서 발견되었을 때, 아이들은 바다 저편 하늘에 아름다운 무지개가 떠 있었다고 한다.

농촌에 있는 고등학교에서 근무하다가 1998년에 또 섬으로 들어갔다. 임자도에서 1학년 인문계 담임을 맡았는데, 학생들의 눈빛에 생기가 없고 공부에 열의가 없었다. 그해 봄에 장학사 시험에 합격하여 교사로서는 마지막 담임이었기 때문에 열성을 다해 가르쳤다.

임자도는 몇 년 전까지만 해도 멍텅구리배가 잡은 백화젓으로 유명한 섬이다. 섬 전체가 모래로 된 사막 같은 땅에 '물치'라는 오아시스가 있고, 하얀 모래벌이 십 리나 펼쳐진 대광해수욕장이 있는 아름다운 섬이다. 철새들이 무리 지어 날아가는 모습과 밤하늘에 반짝이는 별들의 아름다운 풍경을 「바람 부는 섬」을 통해 묘사하고 있다.

석양이 지고 어둠이 짙어오면 갈대숲 우거진 백사장에 두둥실 달이 뜨고, 그 달빛 따라 철새들이 무리 지어 날아가는 모습을 바라보노라면, 이승에 살고 있음이 행복이라는 것을 느끼게 한다. 그러나 그보다 더 아름다운 것은 공해 없는 섬의 밤하늘에 반짝이는 별들이다.

어두운 밤하늘에 빛나는 별빛은 환한 달빛을 삼켜 크고 작은 별빛으로 빛나는 것은 아닐진대, 어쩌면 저렇게도 수많은 별들마다 제각기 독특한 빛을 발하는지 망망대해에서 바라보는 별빛은 세상의 어느 별들보다도 더 아름다웠다.

그러나 아름다운 섬과는 달리 섬사람들의 인정은 10여 년 전에 완도에서 하숙생활을 할 때의 섬사람들과 임자도에서 자취생활을 하던 때와는 너무나 달랐다. 더구나 낡고 비좁은 관사에는 비가 새고 벌레가 득실거려 잠을 제대로 잘 수가 없었다. 그런데 아무도 도와주지 않아 헐벗고 굶주리며 비참하게 살아가는 어린 남매의 슬픈 사연은 우리를 슬프게 했다.

서해 바다의 작은 섬 임자도에서 한 해를 사는 동안 세 번이나 도둑을 맞았다. 나뿐만 아니라 학교와 선생님의 관사에 몇 달 동안 계속해서 도둑이 들었다. 게다가 내 방에는 도둑이 들어와 똥을 싸놓고 갔다.

어느 날 우연히 도둑이 잡혔다. 도둑은 불쌍한 아이들이었다. 아이들의 아버지는 교통사고로 두 다리가 잘려 병원에 입원해 있었고, 어머니는 여섯 명이나 되는 아이들을 내버려두고 도시로 가버렸다. 누구 하나 도와주는 사람 하나 없는 어린 남매들은 어두운 밤이면 이 마을 저 마을을 헤매고 다니며 먹을 것, 입을 것을 도둑질하고 다녔다.

정년을 1년 앞두고 또다시 섬으로 들어갔다. 교직생활을 의미 있게 마무리하기 위해 고향인 광양에서 중학교 교장을 하다 섬에 있는 고등학교를 지원하여 인문계 고등학교 교장으로 부임했다. 금일은 아내가 1977년에 첫 발령을 받은 학교로 그때는 전기도 들어오지 않았다. 부임 전날, 아내와 함께 섬에 갔더니 군의원을 비롯하여 아내의 제자들이 반갑게 마중을 나와 있었다.

2014년의 섬은 너무나 많이 변해버려 섬 같지가 않았다. 섬사람들이 경제적으로 잘 살다 보니 선생님을 대하는 태도가 예전과 달랐다. 더구나 젊은이들은 고향을 떠나가고, 그 빈자리를 바다닷일에 서툰 외국인 노동자들이 차지하면서 지역민들의 마음을 더욱 안타깝게 했다. 이러한 변화된 섬의 모습을 「개망초꽃 피는 섬」을 통해 드러내고자 했다.

다시마 수확철이면 4천 명이 사는 섬에 5천 명의 인부들이 몰려온다. 그중에는 한국인도 있지만 대부분 외국에서 온 노동자들이다. 동남아뿐만 아니라 북아프리카 등 가난한 나라에서 다양한 인종들이 일시에 몰려들어 와 섬사람들과 함께 바닷일을 한다.

이들 말고도 이 섬에는 다문화 결혼이주민들이 살고 있다. 동남아 등 여러 나라에서 들어온 여성들로 농어촌에 사는 노총각들과 국제결혼을 하여 외래식물인 개망초처럼 이 땅에 뿌리를 내리고 살고 있다. 마치 개망초 꽃씨가 바람에 흩날리어 퍼져나가듯이 이들은 전국에 흩어져 살고 있다.

그런데 2014년 4월 16일, 세월호 침몰 사건은 전 국민들뿐만 아니라 학교 현장에도 크나큰 충격을 주었다. 세월호 참사를 소재로 「꽃넋」이라는 수필을 발표하여 독자들에게 많은 공감을 불러일으켰다.

봄꽃들이 떨어져버린 잔인한 4월에, 고등학교 수학여행단을 실은 세월호가 물살이 거센 맹골수로에 침몰하여 304명이 목숨을 잃었다. 그것도 한 맺힌 혼백을 달래는 씻김굿의 고장 진도 앞바다에서, 남녀 학생들이 비바람에 우수수 떨어지는 꽃잎처럼 꽃넋이 되어버렸다.

- 중략 -

그런데 세월호 선장을 비롯하여 선원들은 침몰하는 배에서 자기만 살겠다고 먼저 탈출하고, 탑승객들에게는 배 안에 가만히 있으라고 했다니, 이 얼마나 어리석은 짓인가! 더구나 해양경찰 등의 늦장 구조로 수많은 인명들이 희생당했다고 하니, 참으로 애석하고 통탄스럽다.

고등학교 교장으로서 안산 단원고 학생들이 마치 우리 학생들 같아서 비통함을 견디지 못한 채 며칠 동안 잠을 이루지 못했다.

인간이 산다는 것은 꽃이 피고 지는 것과 같은 것. 해마다 꽃은 다시 피고 지지만 인생은 한 번 지면 다시 피지 않는 꽃! 더구나 생명을 소중히 여길 줄 모르는 인간들 때문에 꽃다운 나이에 피어보지도 못한 채 떨어져버린 꽃송이처럼 바다에 꽃넋이 되어버린 어린 학생들을 생각하니, 인생이 허허롭기 그지없다.

섬에서 직장생활을 한다는 것은 참으로 고달프다. 일주일 동안 자취생활을 하다 주말이면 광주에 가는 주말부부이다. 30년 전만 해도 토요일 밤에 왔다가 하룻밤 자고, 일요일에 버스를 몇 번이나 바꿔 타고, 배를 타고 또 버스를 타야 학교에 갈 수 있었다.

그러나 자가용이 있고부터는 새벽 일찍 첫배를 타러 신새벽에 집을 나선다. 하지만 차가 드문드문 다니는 도로는 오히려 무섭고 위험하기만 했다. 새벽에 안개 낀 도로에서 역주행하는 차와 정면으로 충돌할 뻔한 순간을 「안개 속에 저 불빛이」를 통해 실감나게 표현했다.

새벽안개가 부옇게 끼어 앞을 분간할 수가 없었다. 안개는 파도처럼 밀려들어 차를 삼키듯이 덮쳐왔다. 이른 새벽에 짙은 안개에 휩싸인 어두컴컴한 도로에서 혼자 차를 몰고 가니 초조하고 긴장되었다. 전조등을 상향등으로 켜고 속도를 줄이면서 조심스럽게 운전을 하지만 안개 때문에 사고가 날 것만 같았다.

- 중략 -

갑자기 멀리서 희미한 불빛이 보였다. 안개 속에 저 불빛이 무엇일까? 가로등 불빛일까 아니면 자동차 불빛일까? 눈을 크게 뜨고 속도를 줄이면서 쳐다봐도 정확히 판단하기가 어려웠다.

그 순간 불빛이 차츰 밝아지면서 가까이 달려들고 있었다. 순간적으로 역주행하는 차라고 판단했다.

경적을 계속 울리면서 재빨리 2차선 대형 트럭 앞으로 끼어드는 순간, 대형 트럭 운전수가 놀랐는지 뱃고동 같은 경적을 크게 울려댔다. 그 순간 역주행 차는 쏜살같이 1차선에서 사라져버렸다. 참으로 순식간이었다. 만약 역주행하는 차와 정면으로 충돌했다면? 생각만 해도 끔찍한 일이다. 손에 땀이 나고 온몸이 떨렸다.

교직생활 중 많은 세월을 섬에서 보냈다. 농촌에서 태어난 나는, 섬 생활이 낯설었지만 숙명처럼 섬사람들과 희비애환을 함께하며 살았다. 특히 학생들에게 국어와 문학을 가르치면서 상상의 날개를 펼치며 그들의 아름다운 꿈을 키워주었다.

섬은 바다에 갇혀 닫힌 세상처럼 보였으나 오히려 창작활동을 하는 나에겐 무한한 상상력과 문학적인 영감을 불러일으켜 삶을 승화시켜주었다. 푸른 바다와 밤하늘에 반짝이는 별과 아름다운 꽃이 피어 있는 섬에서 밤늦도록 글을 쓴다는 것은 행복한 일이었다.

문학을 한다는 것은 단지 글을 읽고, 쓰는 것만을 의미하지는 않을 것이다. 문학을 통해서 역사를 알고, 문화를 이해하며, 자연과 더불어 살아가면서 인생의 의미를 깨닫는 것이리라. 교직생활을 하는 동안 완도와 신안의 섬 학교에서 학생들과 그리고 섬사람들과 더불어 살아가면서 그들의 삶의 모습을 문학작품으로 남겼다는 것은 얼마나 보람된 일인가!

진달래꽃이 필 때면

꽃샘바람이 불면 봄꽃들이 온 산야에 들불처럼 피어난다. '봄'이 '보다'에서 나왔듯이, 겨울의 추위를 이겨내고 피는 봄꽃들은 저마다 아름다운 자태를 보여준다. 그중에서도 온 산하를 연분홍빛으로 물들이는 진달래꽃은 우리 겨레의 정서와 어울리는 한국적인 꽃이다.

진달래꽃은 예로부터 우리 겨레와 친근한 꽃이었다. 진달래꽃은 신라 향가인 「헌화가」와 고려가요인 「동동」 조선시대의 가사인 「상춘곡」에도 나온다. 또한 김소월의 시 「진달래꽃」은 지금까지 많은 사람들에게 애송되어 왔다. 그만큼 진달래꽃은 우리나라 어디에서나 자생하는 꽃으로 우리 겨레와 희비애환을 함께 한 한국 여인과 같은 꽃이다.

진달래꽃을 보면, 마치 봄 처녀같이 수줍음이 많은 꽃이며, 시집간 새색시처럼 부끄러워 어쩔 줄 몰라 하는 꽃이다. 아니면 시집 살던 며느리가 친정에 다녀올 때, 녹의홍상(綠衣紅裳) 차려입고 바우고개 울며 넘던 서러운 여인 같은 꽃이다. 그 꽃은 우리 민요에 "성님 성님 사촌 형님 시집살이 어떻든가/ 고초 당초 맵다한들 시집살이 당할소냐/ 열두 폭 다홍치마 눈물 받다 다 썩었네"라고, 시집살이 속내를 드러내는 한 맺힌 꽃이다.

진달래꽃은 아시아가 원산지이며, 꽃말은 '사랑의 즐거움'이다. 한국에서 진달래꽃 전설로 나무꾼과 선녀 이야기가 있다. 하늘나라 선녀가 나무꾼과 결혼하여 예쁜 딸을 낳아 '진달래'라고 불렀다. 새로 부임한 사또는 진달래를 첩으로 삼고자 했으나 거절하자 죽여버렸다. 나무꾼은 딸을 부둥켜안고 울다 그 자리에서 죽고 말았다. 그런데 진달래와 나무꾼의 시체는 사라져버리고 그 자리에는 핏빛 꽃이 피어났다.

꽃에는 전설이 있고, 나라마다 나라꽃이 있다. 그런데 우리는 나라꽃인 무궁화를 두고서도 마음속 깊은 곳에서는 진달래꽃을 피우고 있다. 한이 많은 민족이라서 그런 것일까? 왠지 진달래꽃을 보면, 6·25전쟁 때 포연이 자욱한 고지에서 죽어간 젊은이들의 혼백이 꽃넋이 되었다는 사연 때문에 눈물 없이는 볼 수 없는 꽃이 되고 말았다.

어릴 적 고향 마을에 함께 살던 이웃집 누나는 6·25전쟁 때 부모를 잃고, 먼 친척이 사는 낯선 도시로 식모살이를 떠났다. 그녀는 어린 우리들에게 진달래꽃을 한 움큼씩 나눠주고 울면서 고향을 떠나갔다. 진달래꽃이 피는 봄이면, 뒷산에서 소쩍새가 "솥 적다. 솥 적다" 우는 소리가 배고파 우는 누님의 하소연처럼 들렸다.

6·25전쟁 중에 태어난 우리들은 진달래꽃이 피는 봄이면, 배고픔을 달래기 위해 혓바닥이 보랏빛이 되도록 참꽃을 따먹던 추억이 봄 아지랑이처럼 피어오른다. 가정형편이 어려워 중학교에 다니지 못한 까까머리 소년은 진달래꽃이 핀 산에 지게를 지고 나무를 하러 다니며 학교에 다니기를 간절히 원했다.

그 소망은 이루어졌으나 중·고등학교 때 부모님을 여의고, 대학은 가정교사를 하며, 장학금을 받고 ROTC 장교로 군복무를 했다. 대위로 제대한 후 국어 교사를 하면서 「진달래꽃」을 노래한 『김소월 시 연구』로 문학박사 학위를 받았다.

그런데 진달래꽃이 화사하게 핀 화창한 봄에 꽃잎처럼 가녀린 처녀를 대학에서 처음 만났다. 그녀는 진달래꽃이 피던 봄날 ROTC 축제 때 파트너가 된 후, 7년 동안의 긴 기다림 끝에 아내가 되었다. 그 꽃은 공수특전사 훈련 때는 하늘에 낙하산이 되어 피어 있었고, 휴전선 백마고지에는 그리움처럼 피어 있었다.

그토록 다니고 싶던 학교를 평생 다니다가 2015년 2월 말에 진달래꽃 빛깔의 홍조 근정훈장을 받고 전남에서 고등학교 교장으로 정년퇴직했다. 아내도 2017년 8월 말에 황조 근정훈장을 받고 광주에서 중학교 교장으로 정년퇴직을 했다. 정년퇴직하던 해에 지리산 둘레길 2구간인 흥부골 휴양림에 문학비를 세웠다. 문학비가 있는 산자락에는 문학의 꿈이 피어나듯이 봄이면 진달래꽃이 활짝 피어난다.

김한호·최현덕 부부 교장

나에게 진달래꽃은 봄을 알려주는 꽃이라기보다는 삶의 희망을 알려주던 꽃이었다. 그래서 진달래꽃이 필 때면, 불현듯 아련한 옛 추억이 그리워진다. 이제 봄이 오면, 2월에 태어난 둘째 손녀와 함께 아름답던 동심의 세계가 머물러 있는 희망의 꽃동산으로 가야겠다. 세 살배기 첫째 손녀 '봄'이가 해말갛게 웃으며, 아내의 손을 잡고 아장아장 걸어가는 꽃길에는 그리움처럼 진달래꽃이 아름답게 피어 있으리라.

연 보 (年譜)

출생

1952년 12월 2일(음력) 전남 광양시 광양읍 칠성리 340번지, 父 김매금과 母 정금단 사이에 2남 3녀 중 넷째로 출생

학력

광양에서 초·중·고등학교 졸업, 국립 경상대학교 사범대학 국어교육과 졸업(1972.3~1976.2), 전남대학교 교육대학원 국어교육과 수료(교육학 석사, 1982.3~1986.8), 경상대학교 대학원 국문학과 수료(문학박사, 1992.3~1997.8)

대학 재학 시 '전원문학회' 활동, 대학신문 현상공모 '칠암문학상'(1974) 수상

경력

육군 보병 소위 임관(ROTC 14기, 1976.2), 5공수특전여단(1976.6~1978.7 중위), 국군정신전력학교(1978.7~1978.10 중위), 5사단 정훈장교(1978.11~1981.6 대위) 중·고등학교 국어 교사(1981.6~1999.2), 전라남도교육연수원 교육연구사(1999.3~2003.2), 전라남도교육청 장학사(2003.3~2005.2), 중·고등학교 교감·교장(2005.3~2015.2)

전남미래교육회장, 청소년지원단장, 광양시 교육총연합회장, 고등학교 총동문회장 등

홍조 근정훈장, 상록수 교원, 교육부장관상, 교육인적자원 연수원장상(성적 우수), 학생 글짓기 지도 우수교사, 학교숲 가꾸기 '우수상' 및 수기 공모전 '금상' 등

문학 활동

『한국수필』(1994) 수필, 『문학춘추』(2001) 평론 등단

한국문협 국제문학교류위원, 국제PEN 회원, 한국수필가협회 회원, 한국수필문학

가협회 이사, 광주문협 평론분과위원장, 전남문협 이사, 국제PEN광주지역위원회 회원 등

광주문협 부회장·이사, 전남문협 수필분과위원장·이사, 광주수필문학회 부회장·사무국장·감사, 김소월문학회 부회장 등 역임

『문학춘추』, 『현대문예』, 『아시아서석문학』, 『공무원문학』 등 등단작가 심사위원

광주문학상, 전남문학상, 공무원문학상 등 문학상 및 용아 박용철 전국 백일장, 광주문협 백일장, 전남문협 백일장 등 심사위원

『수필문학』, 『공무원문학』, 『광주문학』, 『전남문학』, 『문학춘추』, 『아시아서석문학』,『광주수필』 등 월평, 계간평 및 특집 집필

《전남매일신문》, 《무등일보》, 《교육과사색》, 《사랑방신문》등에 에세이 연재 및 《광주일보》, 《전남일보》, 《광주매일신문》, 《호남일보》 등 칼럼 집필

2002년 한국비평가협회에서 '올해의 문제작가'로 선정

2015년 남원시 인월면, 흥부골휴양림(지리산 둘레길 2구간)에 '문학비' 건립

수상

공무원문학상(2004), 전남문학상(2007), 올해의 작품상(「광주문협」, 2008), 수필문학상(2013), 세종문학상('제10회 대한민국 문학대전', 2018), 국제PEN광주문학상(2019), 아시아서석문학상 대상(2020)

저서

『슬픈 시인의 노래』(김소월 시 연구, 문예마당, 2000), 『춤추는 꽃』(에세이집, 문예마당, 2002), 『백조 문학의 이해』(문학연구, 전남대출판사, 2004, 전라남도교육청 우수도서 지원금), 『행복한 삶을 위하여』(칼럼집, 한림출판사, 2007), 『광주·전남 문학통사』('수필' 분야 집필, 한국지역문학인협회, 2010), 『살아있는 것들의 아름다움』(에세이집, 교음사, 2011, 전남문예진흥기금 일부 지원), 『수필의 창작과 비평』(문학평론, 교음사, 2013), 『살아있는 것들을 사랑해야지』(에세이집, 범우사, 2018, 《경향신문》, 《문화일보》 등에 책 광고), 『비 오는 날의 행복』(도서출판 서석, 2019, 광주문화재단 지원금), 『하늘 메아리』(한국현대수필작가 대표작선집, 교음사, 2021)

교음명작신서 068

한국현대수필작가 대표작선집

하늘 메아리

2021년 2월 1일 초판 인쇄
2021년 2월 5일 초판 발행

지은이 / 김한호
발행인 / 강병욱

발행처 / 도서출판 교음사
편집처 / 隨筆文學社 出版部

03147 서울 종로구 삼일대로 457 수운회관 1308호
Tel (02) 737-7081, 739-7879(Fax)
e-mail gyoeum@daum.net
등록 / 제2007-000052호

* 잘못된 책은 바꿔 드립니다. 값 7,000원

ISBN 978-89-7814-816-0 04810
ISBN 978-89-7814-200-7 (세트)